함흥에서 부산까지

함흥에서 부산까지

지은이 이영우

1판 1쇄 인쇄 2024년 7월 10일
1판 1쇄 발행 2024년 7월 12일

발행인 유정희
발행처 (주)지혜의가람

서울시 강서구 공항대로 65가길 25, 202호
전화: (02) 3665-1236 / 팩시밀리: (02) 3665-1238
E-mail: garamwits@naver.com

등록번호 제 315-2012-000053호
등록일자 2012년 5월 17일
ⓒ2013 Jihyeui-Garam Publications

값 12,000원

ISBN 978-89-97860-16-6   03800

월남하여
사고무친의 파란만장한 제 삶의 절반을 이끌어주시고
보살펴주신 박정기 회장님께 이 글을 바칩니다.

6·25전쟁이 남긴 한 실향민의 인생이야기

함흥에서 부산까지
기나긴 여름, 겨울 그리고 봄

지혜의가람

| 머리말 |

나는 대한민국의 군인으로 평생을 바친 사람입니다만, 한편으로는 인민군에 선발되어 낙동강 전선으로 향하던 기차를 탈출한 북한군이었기도 합니다.

내가 이 글을 쓰기로 결심한 것은, 북한군의 남침으로 6·25 전쟁이 일어났다는 명백한 사실에도 불구하고, 아직도 남한이 북한을 향해 공격을 개시했기 때문에 전쟁이 발발된 것이라고 인식하는 사람들이 많다는 사실에 놀랐기 때문입니다.

내 나이 벌써 아흔둘입니다. 내가 죽기 전에 북한의 남침을 위한 수개월간의 전쟁준비, 즉 철도를 이용하여 전쟁물자와 전차, 대포, 탄약 등을 남쪽으로 수송함으로써 남침을 준비함과 동시에, 병력 동원을 목적으로 전 학생들을 대상으로 군사 교육을 실시하고, 또 입대지원서를 사전에 받아둠으로써 즉각 투입 태세를 갖춘 것 등, 내가 두 눈으로 분명히 목도(目睹)하고 몸소 겪었던 북한의 남침을 위한 사전준비를 확실하게 밝혀 기록에 남겨야겠다는 사명감이 이 글을 쓰게 된 첫 번째 동기입니다.

  그리고 나 자신 인민군에서 탈출, 남한으로 월남하여 미처 정착하기도 전에 국민방위군(國民防衛軍)에 차출되어 이루 말로 형언할 수 없는 비참한 환경을 경험하였고, 또한 그로 인해 죽어가는 수많은 사람들을 직접 목격한 사람으로서, 이러한 불상사가 다시는 되풀이되어서는 안 된다는 생각이 이 글을 쓰게 된 또 하나의 다른 동기이기도 합니다.

  짧은 시절 한때를 극(북한)과 극(남한)에서 질곡(桎梏)의 삶을 살아온 나로서는, 내가 경험하고 체험한 모든 것을 밝혀두는 것이 이 나라를 위한 나의 책무라 생각하여, 부족한 필력이지만 이 글을 쓰는 바입니다.

2024. 6

저자 이 영 우

• 차 례 •

머리말 … 7

1. 흥남 철수
    나의 고향 … 13
    비극의 서곡 … 17
    탈출 … 22
    다시 함흥으로 … 25
    2차 탈출 … 27
    긴 도피의 시작 - 위험한 유랑의 길 … 28
    귀향 … 33
    3차 탈출 … 35
    더 멀어진 피난처 … 37
    흥남부두 … 50

2. 국민방위군
    두 번째 소집영장 … 56

매일 죽어나가는 대원들 … 60
콘사이스냐 점퍼냐 … 63
30인분을 먹어버린 식사 당번 … 65
이[虱] 사체(死體) 반 말 … 68
나만의 설날 특식 … 69
동창생 김춘옥 … 71
국민방위군 해체 … 74
두 살 줄어들다 … 76
인생에 좋은 약 … 77

3. 피난 생활

부산으로 … 79
청학동 피난민수용소 … 83
천우신조 … 86
알루미늄 솥 공장 … 88
폐렴 … 90

당신은 행운아 … 94

장교 입대 유혹 … 96

조병창 기술원양성소 … 98

마이 홈 … 102

대한민국 장교의 길 … 105

4. 자랑스런 대한민국 장교

임관 … 108

진급 … 110

파월(派越) … 114

- 백마 6호 작전 … 116
- 백마 6호 2단계 작전 … 119

미 포병학교 고등군사반 … 123

대북심리전 … 137

카투사 단장 … 140

포병단장 … 143

한미야전군사령부 ··· 147

전역, 그 이후 ··· 150

▎부록

1. 후일담 ··· 153

   할머니의 사랑 ··· 153

   신포 한 절에서 일어난 온 가족 몰살사건 ··· 154

   김씨 아저씨의 구사일생 ··· 154

   인민군 소위와 촌노(村老) ··· 156

   전쟁의 상흔 ··· 158

2. 잊을 수 없는 사람들 ··· 161

3. 훈장과 표창장 ··· 179

1. 흥남 철수

나의 고향

고향(故鄕)이란 뜻에는 여러 가지 의미가 있다. 내가 태어나서 부모님과 오랫동안 살던 곳, 내가 태어난 곳은 아니지만 부모님이 자리 잡으시고 오래 사셨던 곳. 그러나 부모님과는 관계없지만 내가 오랫동안 살며 가족을 늘렸던 곳, 그곳도 고향이라고 할 수 있지 않을까.

내가 고향을 떠난 것은 열여덟 살 때로 6·25 전쟁 때문이었다. 잘 기억이 나지 않는 유년시절의 6~7년을 뺀다면 10년 남짓을 고향에서 살았고, 지금 내 나이 90을 넘었으니 70여 년을 고향을 떠나 살고 있다. 사정이야 어떻든 고향을 떠나 타향에서 70년을 넘게 살면서 고향에 단 한 번도 가 본 적이 없다면, 그곳을 과연 고향이라고 할 수 있을까? 그런데 날이 지날수록 더욱더 그리워지니 고향은 고향인가 보다.

망각(忘覺). 이 나이까지 살아오는 동안 잊어버린 것들이 너무도 많다. 예전 일은 더욱 그렇지만, 최근의 일조차 생각나지 않는 것들이 많다. 그런데 어찌하여 90살이 지난 지금도 고향 마을의 전경, 고향 집, 할아버지께서 가꾸시던 꽃밭, 골목길, 집 앞의 큰 미루나무 세 그루와 거기에 둥지를 튼 까치집, 사랑채에 세(貰) 살던 최 씨네 가족에 이르기까지 고향에 관한 것들은 어느 하나 흐린 것 없이 선명하게 기억이 나는 것은 왜일까.

그렇게 18년을 살고 떠난 고향이 70여 년이 지나도록 나를 거부한다면 그곳은 이미 고향이 아니다. 너나없이 모두를 거부하는 절벽과 같은 곳이며, 영원히 갈 수 없는 곳이 되지는 않을까 하는 생각에 피를 말리는 지옥과 같은 곳이라고 생각된다.

나의 고향, 즉 내가 태어나고 자란 곳은 함경남도 북청군 신포읍 3구 562번지이다. 이곳은 나의 외가(外家)이며, 아버지의 고향은 북청군과 인접한 이원(利原)군이었다. 외가에 살면서도 방학 때가 되면 군선(群仙)에 계셨던 큰고모께서 어머니에게 연락하여 나를 군선으로 보내달라고 요청하셨고, 내가 초등학교 1학년 때부터 방학만 되면 엄마는 기차표만 사서 나를 군선으로 보내셨고, 나는 혼자서 기차를 타고 혹시나 군선역을 지나치지는 않을까 조마조마하며 갔던 기억들이 남아 있다. 어머니는 아버지 없는 내가 굳세게 자라기를 원하셨기 때문에, 찻삯만 쥐여 주시고 나 혼자 군선에 가라고 하셨던 것으로 짐작한다.

아마도 1학년 겨울방학 때인 것으로 생각되는데, 정거장에 늦게 도착했기 때문인지 창구 역무원이 표가 없다고 하는 게 아닌가. 나는 고모님이 군선역에서 나의 도착을 밤새 기다리실 것이 걱정이 되었다. 그래서 역장실 문을 열고 들어가 돈을 내밀며, "군선 가는 표 주세요. 그렇지 않으면 우리 고모가 밤새 역에서 저를 기다리니까 저는 꼭 가야 해요." 하였다. 그러자 역장은 "그래?" 하면서, 직원을 불러 무엇이라고 지시하였다. 그 직원은 나를 데리고 기차 홈에 가더니 누군가에게 나를 부탁하고는, "기차 안에서도 표를 살 수 있으니 걱정하지 말고 군선 고모님께 가거라." 했다. 나는 무사히 군선역에서 기다리시는 고모님을 만날 수 있었다.

군선역에 도착하면 큰고모께서 늘 틀림없이 나와 계셨고, 싫다는 데도 굳이 나를 업고 가셨던 기억들이 아직도 생생하다. 뿐만 아니라 고모는 어디 마실이라도 갈 때면 늘 나를 업고 가셨다. 동네 아주머니들이 "야는 누구요?" 하고 물으면, 고모가 "얘가 승엽이 아들이요."했고, 아주머니들은 "그래도 씨는 남겼구먼."하는 고모와 아주머니들의 대화도 생생하다.

또한 서울에서 중학교 다니던 고모의 딸인 혜선이 누나도 방학 때는 와 있어 함께 여기저기 놀러 다녔다. 그때 기억으로 친할아버지와 할머니는 시내에서 다소 떨어진 산골 쪽에 살고 계셨는데, 그곳에 가면 할아버지 댁 바로 옆에 큰 기와집이 있었고, 그 집에는 계순이 자매가 있었으며, 나만 가면 서로 업어주겠다고 다투던 기억도 생생하다. 그러면서 나는 차츰 '나는 왜 나를 이렇게 환대해 주는 사람들이 많은 친가 쪽에 살지 않고 외가 쪽에서 살까'하는 생각을 하기도 했던 것 같다.

고모님 댁 마당 앞에는 큰 미루나무 두 그루가 높이 서 있었고, 그 나무에 대문이 달려 있어 멀리서도 잘 보였다. 그리고 꽤 넓은 마당 한쪽에 큰 창고가 있었고, 거기엔 언제나 여러 가지 곡식들이 쌓여 있었다. 집 한가운데 기둥에는 문혜선의 이름이 적힌 문패가 달려 있었다. 길 건너에는 양씨네 떡집이 있었는데, 늘 고모님이 그 집에서 떡을 사다 주셨다. 밤에는 꼭 고모님이 당신의 옆에 나를 눕게 하고는 내 엉덩이를 토닥토닥 다독이시는 바람에 잠을 깨, "그러지 마시라."며 귀찮아하기도 했던 기억이 난다. 지금 생각하면 아들이 없던 공허감을 나를 두고 달래셨던 게 아닌가 생각한다.

비극의 서곡

내가 살던 외가는 한 집 건너 철로와 가까이 있어서 기차가 지나갈 때마다 소음에 시달려야만 했다. 6·25가 일어났던 1950년 봄부터 많은 대포와 전차 등이 주로 어두워질 때면 자주 눈에 띄기 시작했다. 때로는 낮에도 가빠(kappa)에 덮인 중장비 등의 수송이 쉴 새 없이 남으로 남으로 이어졌다. 그러던 것이 4, 5월에는 밤낮으로 병력도 함께 이동하였다. 나는 그냥 훈련이겠거니 여겼지만, 어른들은 매우 걱정스러워하는 눈치였다.

학교에도 변화가 있었다. 고등학교 1학년 때인 1949년부터 교과편성이 달라져 오전은 정상수업을 하고, 오후에는 파견된 인민군 중위가 지도하는 군사훈련 시간이 되어, 분대·소대·중대 등 단위별 훈련이 실시되었다. 무기는 모두 모의 소총이었으며, 군사훈련은 매일매일 중첩되어 갔다.

1950년 5월 초에 평양에서 전국 최우등생 대회가 열렸고, 전국의 고등학교에서 한 명씩 선발되어 특별열차 편으로 이 대회에 참가하게 되었다. 나는 운 좋게도 신포고등학교 대표로 선발되어, 많은 선생님과 학생들의 환송 속에 이 특별열차를 타고 평양에 가게 되었다. 호텔에 투숙하기 전 많은 북한 고위인사들의 환영을 받았다. 다음날부터 평양지역 학생대표들과 북한 정부 대표들의 연설이 있었는데, 아마도 국방상이나 그 이상의 VIP 연설도 있었을 텐데, 당시 대회 시스템이 발달하지 못한 상태였기에 누구인지는 정확히 알 수 없었다. 정부 대표들의 연설 다음에는 각 학교에서 선발된 학생대표들의 연설이 시작되었는데, 한결같이 "이제 우리가 펜을 내려놓고, 총을 잡을 때가 왔다."는 취지의 참전 결의를 다지는 모양새였다.

그리하여 각 학교 대표들은 자신의 학교에 복귀하자마자 학교가 소집해 놓은 '학생총궐기대회'에 참여하여, 평양에서와 똑같이 참전 의지를 다지는 모임을 가졌다. 그때까지도 가볍게 '전쟁이 나면 그렇게 해야 한다'는 의무 정도로 생각했다. 그런데 그런 일이 있고 나서 며칠이 지나자 각 학급마다 전쟁이 나면 즉시 장교로 입대하겠다는 '입대지원서'를 쓰라고 하여, 전체 고학년 학생들 모두는 지원서를 쓸 수밖에 없었다. 그러나 이때부터 부모들의 성향에 따라 군관으로 입대하는 학생들이 늘기 시작했다.

그런 와중에 전쟁은 시작되었고, 9월 신학기제를 채택한 북한 교육시스템으로 인해 방학이 시작되었다. 보통 7월 중순 넘어서 방학이 시작되는데, 그 해에는 6월 말인가 7월 초에 일찍 방학이 시작되었다. 그런데 방학이 시작된 지 며칠 만에 전원 '소집통보'가 왔다. 내 기억으로는 7월 6일로 기억된다.

소집일에 학교에 모였더니 분위기가 예전과 사뭇 달랐다. 낯선 사람들이 왔다갔다 하였고, 우리 학생들은 학급별로 모였다. 그리고는 바로 신체검사를 받으러 간다고 하였다. 느닷없는 일이라 당황했지만 장차 미래를 대비하기 위해 하는 것이겠지 하며 인민병원으로 대오를 짜고 갔다. 검사는 간단했다. 입안을 한 번 들여다보고 아픈 데는 없는지 묻는 그 정도였던 것 같다.

그런데 그런 다음 학생 전원을 정렬시키더니 바로 정거장으로 가는 게 아닌가. 기가 막힐 일이었다. 신포는 좁은 고장이라 학생들이 군대로 끌려간다는 소문이 금새 퍼져 많은 학부모들이 정거장으로 몰려왔다.

"부모 허락 없이 함부로 자식들을 군에 입대시키는 이런 법이 어디 있느냐."며 부모들의 항의가 빗발쳤지만, 그들은 이미 군 입대지원서를 받았다는 구실로 학생들을 열차 안으로 밀어 넣었다. 그것으로 끝이었다.

위세가 등등한 내무서원들과 정치보위부원들의 행위에 부모들은 무력했다. 기차는 출발했고, 어두워질 무렵 함흥역에 도착했다. 우리 학생들은 열을 맞추어 함흥 반룡산국민학교에 차려진 종합신체검사소에 도착하였다. 이곳에서의 신체검사라는 것도 아주 형식적이었다. 의사들이 학생들의 눈을 까 보고, 입을 벌려 구강을 살펴보고, 그리고 혈압 측정 정도였기에 거의 모두가 통과되었고, 간혹 다리나 팔의 일시적인 부상으로 제외되는 정도였다.

우리가 신체검사를 마치고 줄을 서서 승차장으로 갈 준비를 하고 있을 때, 축구를 하다 발을 다쳐 불합격된 윤병철 군이 자기가 갖고 있던 돈을 전부 내 손에 쥐여 주면서, "야, 죽지 말고 살아와야 해!" 하면서 내 곁을 떠나갔다. 그 모습을 지켜보면서 비로소 '우리가 전장에 나가 죽을 수도 있는 것이구나.' 하는 불안한 생각과 더불어 윤 군에 대한 감사한 마음이 들었다.

우리는 밥을 먹지 못해 몹시 허기진 상태였다. 더욱이나 함흥 만세교가 미군의 폭격으로 파괴되는 바람에, 먼 길을 걸어 밤늦게야 기차를 타게 되었다. 기차의 좌석은 2인용 좌석이 마주보게 배치되었다. 가운데 복도로 나뉘어져 모두 여덟 명이 한 그룹이 되었다. 몸이 너무 피곤하여 기차를 타자마자 모두는 금방 곯아떨어졌다.

탈출

얼마나 지났을까, 고함치는 소리가 들리며 차내가 웅성웅성하여 모두들 깨어났다. 깨어나 보니 터널 안이었다. 낮에는 미군의 폭격 때문에 기차 운행이 불가하여 더는 갈 수 없다는 것이었다.

그때 나는 '더 갈 것인가, 아니면 이 기회를 틈타 도망갈 것인가?'를 골똘히 고민하다가, 한 그룹이 된 여덟 명에게 "여기서 집으로 돌아가는 것이 어떻겠는가?"하고 물었다. 곧바로 모두가 "가자!"고 했으나, 나와 함께 앉았던 변용표 군만이 "나는 못 간다."고 했다. 아버지가 농민위원장이어서 자기가 도망가면 큰일 난다는 것이었다. "알았다. 그러면 나머지 우리 일곱 사람은 집으로 가는 것이다."라고 결정하고, 밥 타러 오라는 방송과 함께 캄캄한 터널을 빠져나가기 시작했다.

　우리는 그때까지 아무것도 먹지 못한 상태여서 몹시 허기진 상태였지만, '이것만이 살길'이란 결연한 의지로 그곳을 탈출했다. 북한 체제하에서 인민군 지원을 기피하면 자칫 일생을 망칠 수도 있는 일인데, 그 순간에 과감하게 도피를 감행했다는 것은 크나큰 용기가 아닐 수 없었다.

　그렇게 북한은 탱크와 대포 등 전쟁 장비를 수개월에 걸쳐 전선에 배치를 마치고, 이제 마지막으로 학도병까지 동원을 마쳤으므로 모든 준비가 완료된 것으로 간주하여 마지막 수순인 남침을 시작한 것이다. 당시 남한 국군의 북침이 먼저 있었기 때문에 남쪽으로의 반격이 시작되었다는 일부 인사들의 궤변은, 앞에서 내가 기술한 여러 가지 정황으로 미루어 볼 때 '소도 웃을 거짓말'임이 명약관화(明若觀火)한 것이다.

　그렇게 6·25 전쟁은 시작되었고, 아무튼 우리처럼 탈출을 감행한 경우는 매우 드물었을 것으로 생각한다. 전쟁 초기 연일 승승장구하는 인민군의 성공적인 전황(戰況)은 우리들의 도피에 유리한 결과로 작용되었을 것으로 짐작한다.

도피 후 우리에게 닥친 첫 번째 난관은, 그때까지도 밥을 먹지 못해 기진맥진했다는 것이다. 초저녁 터널을 탈출하여 다음날 아침까지 아무 먹은 것도 없이 오직 걷기만 했으니, 몸이 지칠 수밖에 없었다. 날이 밝고 보니 길가에 아주 작은 자두(이북말로 놓니)밭이 있었는데, 아직 익지를 않아 노란색을 띠고 있었지만, 우리는 우선 그것으로 허기를 채웠다.

당시 이북에는 다리 부근이나 단일로인 경우에 마을 청년단의 검문소가 설치되어 있었기 때문에, 가는 곳마다 검문을 당했다. 그때마다 우리는 남으로 가던 기차가 폭격을 당해 흩어져서 도로 함흥으로 갈 수밖에 없어 이렇게 걸어가는 것이라고 거짓말을 하였다. 몇 번은 이 거짓말이 통해서 잘 빠져나가긴 했는데, 언제 들통날지도 모르는 상황에서 계속해서 같은 거짓말로 일관하기는 어렵겠다는 생각이 들었다.

우리는 좋은 방법이 없을까 궁리를 하였다. 궁리 끝에 우리는 폭격으로 인해 통신선이 절단되어 거의 모든 정보가 두절된 상태이기 때문에 우리의 진술을 그대로 인정할 수밖에 없을 것이라고 판단하고는, 일곱 명이 내무서(경찰서)를 방문하여 우리들이 전선으로 가는 도중 열차가 폭격당해 모두 흩어져서 함흥 모병집결소로 다시 가는 중이니 '통행확인서'를 써달라고 간청하였다. 그곳에서 우리들의 탈출 사건이 이곳까지는 아직 전달되지 않았음을 확인할 수 있었고, 이제부터는 당당하게 가도 되겠다는 확신이 섰다.

신변이 안심이 되니 더욱 허기가 심해졌다. 어느덧 날이 어두워졌다. 다시 길을 걷던 중 길가에서 엿을 팔고 있는 할머니를 발견하고는 윤병철 군이 준 돈으로 엿을 사서 나누어 먹었다. 나는 그때 처음으로 배고플 때 엿이 특효약이라는 것을 알았다.

다시 함흥으로

그렇게 계속 걷다가 내가 곰곰이 생각해 보니, 일곱 명이 집단으로 다니는 것보다는 두 그룹으로 나누어 다니면서 같은 변명을 하면, 우리들의 변명이 더욱 사실로 인정받게 될 것이 아닌가 생각되었다. 그래서 우리 일곱은 4명, 3명의 두 그룹으로 나누었다. 나는 4명 그룹이 되어 우리가 상당한 거리를 앞서갔다.

얼마를 걸었는지 상당히 지쳤을 때, 멀리서 트럭 한 대가 다가오며 학생들의 노랫소리가 크게 들려왔다. 직감적으로 그들이 함흥으로 징집되어 가는 학생들일 것이라고 생각되었다. 마침 오르막길이라 속도가 많이 떨어진 트럭에 우리 넷은 매달렸고, 타고 있던 학생들이 손을 뻗어 우리를 도와주었다. 당시 북한에서는 목탄차가 대부분이었는데, 이 목탄차는 출력이 약해 오르막에서 별로 힘을 쓰지 못했다.

그렇게 해서 우리 4명은 다시 지겨운 호랑이굴 같은 학도병 신체검사소로 가게 되었다. 도착은 한밤중이었고, 우리는 그 입대 학생들 틈에 끼어 다시 신체검사를 받아야 할지도 모르는 운명에 처하게 되었다. 그러나 우리는 지도 선생의 감시에서 벗어나 별도로 행동할 수 있었다. 우리는 이미 신체검사를 마친 상태이기 때문에, 더 이상 그 학생 그룹과 함께할 필요가 없다고 인정이 되어 이탈이 가능했던 것이다.

2차 탈출

밥 먹는 문제와 잠자리는 교복을 입은 학생이라 별문제가 없었다. 그러나 언제 도주할지 모르는 학생들에 대한 경계는 상당히 심해서, 울타리 내외 보초병이나 군 감찰조의 활동이 강화된 상태였다. 당시 우리 4명의 최대 관심사는 어떻게 이 감시망을 뚫고 밖으로 나갈 수 있느냐 하는 것이었다.

그런데 뜻밖에 그 시기가 빨리 찾아왔다. 학교에서의 생활이 2~3일 지난 어느 날, 점심 때 가까이 급작스럽게 미군 쌕쌕이(전투기)가 나타나 학교에 대해 공습을 시작했다. 그러자 보초병들이 전부 어디론가 사라졌다. 우리에게는 최고의 탈출 기회가 온 것이다. "자, 우리 여기서 헤어져서 각자 자기 갈 길로 가자. 이럴 때 뭉쳐 다닐 수는 없지 않은가." 판단하고는, 각자 편리한 방향으로 탈출하기로 하고 헤어졌다.

나는 무조건 가까운 철조망으로 달려가 철조망을 들어 올리고 빠져나가 냅다 달렸다. 쌕쌕이에서의 기총사격이 막 퍼붓고 있는 사이에도 무섭지 않고 오히려 고마웠다. 그것은 이 지옥에서 탈출해야 살 수 있다는 일념(一念)의 힘이 공습의 공포보다 더 컸기 때문이었으리라 생각한다.

마침 다행히도 함흥에는 이모가 살고 있었다. 그래서 이모 댁을 향해 정신없이 뛰고 또 뛰었다. 그렇게 하여 기차에서 함께 탈출한 7명은 모두가 제각기 흩어지게 되었다. 그 이후 내가 다시 만날 수 있었던 친구는 양화(陽化)에 살았던 김종범 군 한 사람뿐이었다.

긴 도피의 시작 - 위험한 유랑의 길

이모 댁은 큰 기와집의 사랑채였다. 이모는 초췌한 모습으로 예고도 없이 찾아온 나를 보고 무척 놀랐다. 내가 그동안의 사정을 얘기하자 더욱 놀라시며 어린 학생이 어떻게 군인이 될 수 있겠냐며 나를 데리고 안채로 가 그 댁 어른들께 인사를 시켜주셨다. 그리고는 그동안의 나의 사정을 간략하게 설명해드렸다.

 그러자 그 집 어른은 젊은 아들에게 "방공호에 학생이 거처할 자리를 마련해 주고, 이 일에 대해 일체 밖에 함구(緘口)하라"고 일러두셨다. 방공호는 뒤꼍을 파서 넓고 편하게 만들어져 있어 당분간 내가 숨어 살기에는 아주 적당한 곳이었다. 함흥에서는 젊은 청년당원들이 조를 짜서 가가호호(家家戶戶) 검문하는 일들이 있었기 때문에, 어르신께서 나에게 특별한 배려를 해주신 것이었다. 이모의 설명에 의하면 그 댁은 함흥에서 오래된 전통 있는 원씨 집안이라고 하셨다.

 이모가 기별을 넣었는지 한 일주일쯤 되어 할아버지께서 나를 데리러 오셨다. 할아버지는 그곳에 계속 숨어있을 수도 없는 일이니 빨리 집으로 가자고 독촉하셨다. 할아버지께서 그곳에 며칠 머물면서 기력을 회복하신 후, 어르신께 인사드리고 함흥 이모 댁을 떠났다. 그때는 미군기의 폭격으로 모든 교통수단이 통제되었기 때문에 걸어갈 수밖에 없었다.

 함흥에서 신포까지는 100리라고 하였다. 약 40Km다. 함흥을 떠나 종일 걸어 함흥과 홍원(洪原) 사이에 있는 큰 고개

(嶺)에 다다랐다. 내 기억으로는 '후치령'이라고 했던 것으로 기억한다. 그 후치령을 다 넘지도 못했는데 해가 져서 어디에서라도 하룻밤 묵어갈 수밖에 없었다. 한참을 걸으니 조그만 초가집 한 채가 보였다. 할아버지께서 주인을 찾아 하룻밤 묵기를 청하니, 고맙게도 주인이 얼른 들어오라고 하여 우리는 빈방에 짐을 풀고 잘 준비를 하였다. 함흥을 떠날 때 이모가 챙겨준 주먹밥으로 배가 고프지는 않았다. 호롱불을 끄고 막 누웠는데 그때부터 달려드는 벼룩들 때문에 한잠도 제대로 잘 수가 없었다. 그러나 할아버지께서는 누적된 여독(旅毒)으로 깊은 잠에 빠지신 것 같은데, 그래도 여러 번 깨셔서 잠을 설치신 듯했다.

새벽 동이 트자마자 짐을 챙겨 주인에게 인사하고 길을 떠났다. 한참 걸으니 땅이 평평해지면서 내〔川〕가 나타났다. 그러자 할아버지께서는 나에게 옷을 벗으라고 하셨다. 내가 "왜요?" 하고 물었더니 할아버지께서는 이미 옷을 벗고 계셨다. 나도 할아버지 하시는 대로 옷을 벗어 보니 옷 속에는 까만 벼룩들이 촘촘하게 박혀있었다. 그런데 벼룩들이 뛰면 도망갈 수 있을 텐데 뛰지 않고 그냥 기어 다닌다. 그러니 한

마리씩 잡기가 쉬웠다. 그렇게 벼룩을 다 잡고 난 다음 나는 할아버지께 "벼룩이 원래 뛰어 도망가기 때문에 사람이 잡기 힘든 건데 왜 뛰지를 않느냐"고 물었다. 할아버지 말씀이 "물가에서 벼룩이 뛰면 어디로 가겠니. 물밖에 더 있나. 그러니 뛰지 못하는 것"이라 하셨다. 그때는 그냥 '세상은 참으로 공평하구나.' 정도로 생각했는데, 지금 생각해보면 그 깨알보다 작은 미물(微物)에게도 '물가에서 뛰면 죽는다'는 DNA가 들어있다니, 창조주의 위대함이 모든 생명에게 들어있다는 것이 참으로 놀라울 따름이라고 생각했다.

이제 쉴 만큼 쉬었으니 내를 건널 일이 남았다. 할아버지께서 신발과 양말을 벗으려고 하셔서, 나는 "제가 할아버지를 업고 건널 테니 벗지 마세요."라고 자신 있게 말씀드렸다. 할아버지는 "그래. 네가 얼마나 힘이 좋은지 한 번 업혀보자."고 하시면서 나의 작은 등에 업히셨다. 그런데 막상 할아버지를 업고 보니 그리 쉬운 일이 아니었다. 나는 온 힘을 다해 일어섰고, 간신히 걸음을 떼었다. 작은 샛강이라 충분히 가능할 것이라 생각했다. 그러나 깊숙이 박혀있는 돌이라 생각했던 돌을 밟는 순간, 힘없이 돌이 밀려 나가면서 나는 중심을 잃고 할아버지를 놓쳐 물에 빠뜨려 버리고 말았다.

나의 일생일대의 실수였다. 평생 할아버지의 보살핌으로 자라온 내가 단 한번 봉사할 수 있는 기회를 놓쳐버린 것이다. 내 상처 난 자존심, 자괴감, 내 자신의 무능에 대한 창피함 때문에 나는 분한 눈물을 삼킬 수밖에 없었다. 할아버지는 웃으시면서 "네가 좀 더 커야겠구나." 하셨다.

할아버지는 선비셨고, 내 인생의 모든 면에서의 스승이셨다. 하교(下校)해서 집에 오면 내 방 한가운데에는 신문지가 펼쳐져 있고, 먹이 갈려져 있었으며, 벼루와 붓이 준비되어 있었다. 내가 동네 친구들과 놀기 위해서는, 그 신문지 한 장을 길 영(永)자로 꽉 채워야 했다. 공일이나 명절이나 집안에 무슨 일이 있을 때 말고는 글쓰기가 빠지는 날은 없었다.

그리고 방학 때 아침에 잠에서 깨면 언제나 내 머리맡에는 할아버지가 책을 들고 계셨다. 그 책은 중국의 백구시(百句詩)라 하여, 중국의 유명한 시인인 이태백(李太白)이나 도

연명(陶淵明)의 시 100구를 모아놓은 시집이다. 할아버지께서는 어제 배웠던 시를 다시 읽게 하시고 해석해 보라고 하셨다. 나는 이불 속에 누운 상태에서 읽고 해석을 제대로 하면 다음 시구로 넘어가 새롭게 배우고 또 넘어가곤 하셨다. 이때가 내가 국민학교 6학년 때였고, 해방이 되어 집에서 보내는 시간이 많은 때였다. 나는 그렇게 할아버지로부터 글쓰기와 한시 등을 배웠고, 그것이 지금까지 여러 면에서 나에게 큰 힘이 되었다.

귀향

그렇게 나와 할아버지는 함흥에서 집으로 가는 여정을 계속하였다. 이제 홍원, 영무(靈武)를 지나 내 고향 신포(新浦)까지는 얼마 남지 않았을 때가 하필 학교 하교 시간과 맞물려, 우리 학교 여학생 몇 명과 마주치게 되었다. 인적이 드문 시골길이라 내가 누군지 금방 알아보았을 것이다. 내가 학교 대표로 평양에 다녀온 일이 있어 나를 모르는 사람은 없었을 것이기 때문이다. 내가 할아버지 곁에 바짝 붙어 숨어보려고 했지만 불가능했을 것이다.

어차피 발각된 것이니 다른 방법을 모색해야 했지만, 할아버지도 몹시 피곤하셨고 나도 너무 힘들어 일단 집에 가서 씻고 쉬는 것이 급선무였다. 함경도식 가옥에는 겨울이 너무 춥기 때문에 식자재를 얼지 않게 보관하는 뒷고방이라는 곳이 있다. 일단 거기에 내 거처를 두고, 누구든 나를 찾아오면 집에 없다고 하기로 했다.

그 후 이틀이 지났는데도 학교에서 찾아오는 사람도 없고 조용하였다. 여학생들이 나를 보았다는 말을 안 했을 수도 있고, 그래서 학교에서도 모를지도 모른다는 생각에 나는 다소 안심이 되었다. 그래서 3일째 되는 날에는 세 식구가 다 함께 정지(부엌과 붙어 있는 제일 큰 방)에서 점심을 먹고 있었다. 그런데 식사 중에 교감 선생님을 선두로 3명의 선생님이 집에 찾아오신 게 아닌가. 나는 당황하였지만 일단 일어나서 인사를 했고, 할아버지와 할머니도 일어섰다. 교감 선생님은 "기다릴 테니 계속 식사하세요."라고 했지만, 더 이상 밥을 먹을 수가 없어서 일어나 옷을 입고 마당으로 나섰다. 선생님들은 아무 말도 없이 나를 데리고 학교로 갔다.

3차 탈출

　절체절명의 순간이다. 앞으로 어떻게 처신을 해야 할지 골똘히 생각하면서 걸었고, 선생님들은 아무 말씀이 없었다. 학교에 도착하자 부를 때까지 2층 교실에 올라가 있으라고 해서 나는 2층으로 올라갔다. 웬일인지 교실은 전부 비어 있었고, 저학년 학생 몇 명이 있다가 나에게 인사를 하였다.
　내 머리는 오로지 '어떻게 탈출할 수 있을까' 하는 생각뿐이었다. 나는 2층 복도를 쭉 걸으며 밖을 내다보았다. 도저히 뛰어내릴 수는 없었다. 그런데 한 줄기 빛이 보였다. 2층 창가에 로프(rope)가 돌돌 말려 있는 것이 보였다. 그것은 전투기나 함포사격으로 화재가 발생했을 시, 각 층에서 지상으로 안전하게 탈출할 수 있도록 준비한 비상용 대피 로프였던 것이다. 나는 그 로프를 지상으로 풀어 내렸고, "이것만이 내가 살 수 있는 생명줄이다."라고 마음속으로 외치며,

로프를 잡고 지상으로 내려갔다. 그새 흐렸던 날씨가 비로 변해 로프의 표면을 미끄럽게 적셔주어 아주 수월하게 지면으로 스르르 내려갔다.

나는 '아, 하늘이 나를 죽음에서 삶으로 확실하게 인도해 주신 것'이라고 믿으며, 길로 가지 않고 뒷산으로 사력을 다해 뛰고 또 뛰었다. 길로 가면 자전거나 오토바이로 나를 쫓아올 수도 있을 것 같아서 산길을 택한 것이다. 그렇게 뛰어 집에 도착했더니 할아버지는 깜짝 놀라시면서, "다시 붙잡히면 너는 끝이다. 그러니 내가 생각해 둔 곳으로 당장 떠나야겠다."고 하시면서 급히 여장을 갖추시고는, 나에게도 집에서 입는 허드레 옷을 주시며 빨리 입고 떠나자고 재촉하셨다.

할아버지와 나는 빗속에 길을 떠났다. 어디로 가는지 말씀도 않으시고 빠른 걸음으로 걷기만 하셨다. 허둥지둥 우리는 그렇게 집을 떠났고, 밤이 늦어서야 목적지에 도착할 수 있었다. 도착한 곳은 대대골이라는 마을로 나에게는 처음인 곳이었다. 다음날 아침에 마을을 둘러보니 한 쪽은 내를 끼고, 한 쪽 산언덕에 줄을 선 듯 집들이 띄엄띄엄 몇 십 가호가 전부인 아주 작은 마을이었다.

내가 머문 집은 사과나무가 그리 많지 않은 조그마한 과수원집이었고, 나는 과수원을 감시하는 덕대 같은 곳에 머물게 되었다. 아마도 추적자들이 오더라도 쉽게 알 수 있고, 빨리 피해 달아날 수 있도록 배려된 장소 같았다. 나중에 안 일이지만 할아버지의 선친께서는 한의사셨는데, 그때부터 알게 된 할아버지의 오랜 지기의 집이라고 하였다. 과수원 덕대는 내 처소이자 감시초소가 되어, 위기상황을 빨리 감지할 수 있는 최고의 피난처가 되었다. 식사 때가 되면 그 집 꼬마들이 부르러 왔고, 또 마을의 정보도 전해주어 나에게는 더 없는 피난처가 되어 주었다.

더 멀어진 피난처

대대골에서 편하게 한 달쯤을 지내고 있을 때 나의 덕대에 그 집 어른이 찾아오셔서는, 나를 잘 안다는 여학생이 찾아와서 내가 있는지를 묻기에, "이미 다른 데로 갔다."고 했다고 말씀해 주셨다. 내가 여기 있다는 것이 알려진 것이므로 우리 할아버지께는 연락해 놓으셨다고 하였다. 그 여학생이 고발하거나 해코지할 목적으로 나를 찾아온 것은 아니라고 해도, 이미 내 신분과 거처가 탄로 난 것은 확실해진 것이다. 이제 이곳도 더 이상 안전한 곳은 아니라는 걱정이 들면서 다시 초조해졌다.

 2, 3일이 지나 할아버지께서 오셔서는, "너를 아는 사람이 많은 이 지역에서 피신하기는 어려울 것 같으니, 너의 본가 식구가 살고 있는 이원으로 가는 것이 좋겠다."며 이미 떠날 준비를 하고 오셨다. 그리하여 할아버지께서 가져오신 배낭을 받아 메고, 나와 할아버지는 그 즉시 길을 떠났다. 나를 떠나게 한 그 여학생과는 후에 어떤 연고로 다시 만나게 된다.

 할아버지와 걷는 길은 언제나 강행군이다. 할아버지는 근방에 많이 알려진 선비였고, 의사였던 부친 덕에 여러 곳에 아는 사람들이 많아서 쉬는 곳은 어렵지 않게 마련되었다.

강행군 덕에 이틀만에 군선에 도착할 수 있었다. 바로 처음 찾아간 곳은 나를 그토록 귀여워 해주셨던 고모댁이었다.

그런데 늘 보았던 대문 기둥으로 쓰였던 큰 미루나무가 보이지 않았다. 나무가 너무 크면 안전을 위해 벨 수도 있겠지 생각했다. 두근거리는 가슴을 안고 대문을 열었더니, 집 가운데의 문패 이름이 '문혜선'이 아니라 다른 사람의 이름으로 바뀌어 있었다. 정말 절망스러웠지만 물어볼 수는 없고 해서 대문을 나와 길 건너 양씨네 떡집으로 갔다. 그 떡집 할머니는 여전히 살고 계셔서 나를 금방 알아보시고는, 그 동안 있었던 이야기를 해주셨다. 고모는 화병으로 돌아가셨고, 토지와 집은 몰수당했으며, 딸 혜선이 누나는 국민학교 교감 선생님의 부인이 되어 학교 관사에 살고 있다고 알려주셨다.

할아버지께서는 내가 고모님 댁을 멀리서 확인하였을 때, "이제 너 혼자 찾아 가거라."하시고는 이미 뒤돌아 가셨던 상태다. 할아버지께서는 아마도 군선 바닷가에 사시는 여동생 집인 영국이네 집으로 가셨을 것이다. 나는 방학 때 고모 댁에 머무는 동안 몇 번 찾아간 일이 있었던 집으로, 그 집

할아버지는 유달리 피부가 백지처럼 희고 수염도 희었으며, 아들 되시는 분의 이름이 영국이었는데, 그 또한 아버지처럼 얼굴이 희었다. 지금 생각하면 백계 러시아인의 혈통을 받은 분들이 아닐까 생각된다. 러시아혁명 당시 러시아인들이 가까운 인접국으로 많이 망명했다고 한다. 할아버지의 여동생 되시는 할머니는 기차에 치어 두 다리가 절단되어 두 팔로 몸을 옮겨 다니며 집안 살림을 돌보셨다. 내 기억으로는 우리 할아버지인 신포 오빠의 집에 왔다가 가는 길에 변을 당한 것이라고 들었다. 할아버지는 분명 거기에 머물고 계실 것이었다.

아무튼 나는 우선 거처가 확인된 혜선 누나를 찾아가 보기로 했다. 학교는 멀지 않은 곳에 있었고, 관사도 쉽게 찾을 수 있었다. 혜선 누나는 나를 알아보고는 나를 붙잡고 울기부터 하였다. 오랜 그리움과 엄마와 얽힌 불행한 일들 때문이었을 것이다. 국민학교 교감이었던 누나의 남편은 아마도 남한에 대한 교육과 관련하여 차출되어 잠시 떠나 있다고 했다. 나는 누나로부터 우리 아버지 형제들의 이야기를 들을 수 있었다. 아버지의 형님 되시는 큰아버지는 영길, 영훈 두 사촌과 함께 별로 멀지 않은 곳에 살고 있다고 하였고, 작은아버지(이학준)는 시내에서 구둣가게를 하고 있는데, 딸 금자와 함께 살고 있다고 하였다.

그리고 누나는 커다란 문서 꾸러미를 꺼내 보여주면서 "이게 우리 집 땅문서인데, 세월이 바뀌면 꼭 땅을 되찾을 것"이라고 하였다. 그 말을 하면서 누나는 모친의 죽음과 땅을 빼앗긴 분노가 뒤엉켰는지 다시 눈물을 쏟았다.

누나와 작별하고 내가 머물 곳으로 생각하고 있던 셋째 삼촌(작은아버지) 집으로 향했다. 누나가 가르쳐 준 대로 교통이 번잡한 대로변 가게여서 쉽게 찾을 수가 있었다. 내 기억으로는 처음 뵙는 작은아버지였지만, 내가 이름을 대자 금방 나를 버럭 끌어안으시면서 "네가 영우냐? 잘 왔다." 하시며 토닥여 주셨다. 작은어머니는 가끔 나를 보러 신포에 오셨었기 때문에 희미하게나마 기억이 났다. 다음에 작은아버지의 무남독녀 외동딸인 금자와 인사했다.

작은아버지의 집은 가게에 붙어 정지, 중간방, 그 다음에

금자의 공부방으로 길게 늘어선 형태의 집이었다. 그 뒤에 마당이 있었고 뒷집과 구분하는 울타리가 있었다. 그런데 한참 이야기를 나누던 중 작은아버지가 할아버지께 인사드리러 가자고 하시며 중간방 문을 열고 방으로 데리고 갔는데, 할아버지는 치매가 심하셔서 거의 독방에 갇혀 계신 형편이었다. 내가 "할아버지, 제가 영우입니다."라고 절을 올렸으나, 별 반응이 없이 나를 물끄러미 바라보기만 하셨다.

그때 금자는 중학교 2학년이어서 가끔 내가 공부를 가르쳐주었는데, 그때마다 금자 방을 가기 위해서는 할아버지가 계시는 중간방을 거쳐 가야 했다. 할아버지 방을 거치지 않으려면 밖으로 나갔다가 가야만 되는 집 구조였는데, 그 당시는 청년당원들의 감시와 점검이 더욱 심해져 밤낮을 가리지 않고 불시검문이 있는 때라서 발각될 위험이 있어 그러지를 못했다. 나는 숨어 사느라 정말 힘든 시간을 보냈다.

하루는 작은아버지께서 "요즘 네가 숨어 사느라 고생이 많구나. 오늘 나하고 가볼 데가 있다."고 하시면서 채비를 하셨다. 작은아버지와 함께 찾아간 분은 우리 아버지와 호형

호제(呼兄呼弟)하며 절친하게 지냈던 사이로, 당시 이원군 노동당 간부로 지체가 높은 분이었다. 작은아버지가 나에 대해 소개를 하자, 그분은 "네가 승엽이 아들이냐?"며 "네 아버지는 이 나라를 위해 몸을 불사르며 헌신하다 요절한 위대한 혁명가인데, 너는 어찌하여 입대해서 나라 지키는 일이 싫다고 도피를 하였느냐?"고 하시면서 나를 나무라셨다. 작은아버지가 나의 어려운 처지를 설명하니 그 분은 다 들으시고는 나에게 "여기 머물고 있으면 안전하니 걱정말고 지내거라." 하시고는 부인에게 나를 잘 돌봐주라고 말씀하셨다.

그 집에는 아무도 오는 사람이 없었고, 나는 꽤 오래 그 집에서 편안한 나날들을 보냈다. 가끔 누나 댁을 찾아가기도 했다. 그 때까지만 해도 해방된 지 얼마 되지 않은 때라 정치적 이념보다는 인간적 정서가 더 강했던 때였기 때문이라 생각한다.

점차적으로 함포 사격도 심해지고, 전투기 공격도 격해지자 작은아버지께서는 시내보다는 시골로 피신하는 것이 더 안전할 것 같다고 판단하여, 전 가족과 점원까지 모두 친척

뻘 되는 과수원집으로 옮기게 되었다.

거의 한달 쯤 별일 없이 조용히 지내던 달 밝은 날 한밤중에 앞마당에서 누군가 기척이 있더니 "계십니까?"하는 목소리가 들려왔다. 이전 청년동맹원들의 검색 때의 음성과는 사뭇 다른 말투였다. 나는 문을 빼꼼히 열고 "뉘십니까?"물었다. 그러자 철모에 총을 멘 군인이 "저는 국군입니다. 안심하십시오. 혹시 수상한 사람이 없나 살피는 중입니다. 놀라게 해서 미안합니다." 하고는 돌아서 나가는 것이었다. 나는 '이제야 이 지긋지긋한 굴레에서 벗어나게 되었구나.'하는 안도의 한숨이 절로 나왔다.

이렇게 우리는 국군 3사단의 진격을 알게 되었고, 이때까지의 모든 구속에서 벗어나게 된 감동으로 가슴이 벅차오름을 느꼈다. 나와 금자가 선발대가 되어 집으로 돌아와 그동안 비어 있었던 집 안팎을 청소하고 정돈하였다. 그렇게 시작하여 곧 모든 것이 정리되고 안정이 되었다.

3사단 병력이 북상한 후 곧 미군들이 군선으로 상륙하여 군선 시내는 몹시 어수선하게 되었다. 미군들이 여자들을 찾아다닌다는 소문이 돌아, 이전에 그랬듯이 작은어머니와 금자는 수상한 인기척이 나기만 하면 구두 전시대 밑에 만들어 놓은 좁은 공간으로 숨는 게 일이었다. 미군들 또한 얼마 후 북상하여 다시 군선은 조용해졌다.

그러던 중 외할아버지의 기별이 왔다. 모든 병력들이 다시 남으로 후퇴한다고 하니 조속히 신포로 돌아오라는 것이었다. 그러던 차에 혜선이 누나가 찾아와 "우리 학교 선생님 가족 중에 신포로 가야 하는 사람이 있으니 같이 동무해서 갔으면 좋겠다."고 하였다. 나도 마침 잘 되었다고 하면서 함께 가기로 약속하고, 작은아버지, 숙모, 금자와 작별인사를 하였다. 작은아버지 가족들은 몹시 아쉬워하였지만, 내가 떠나지 않을 수 없는 처지라는 사실을 알기에 슬픔 속에서 나를 보내주셨다.

군선을 함께 떠나게 된 혜선 누나가 소개해 준 동행자는 나보다 두 살 많은 여성이었다. 동행한 누나 덕에 가던 도중 하루 머물 곳에서 잘 지낼 수 있게 되었고 나는 무사히 신포 우리 집에 도착할 수 있었다.

그러나 그때 이미 상황은 급변하고 있었다. 많은 사람들이 신포를 떠나기 위해 배를 수리하느라 야단들이었다. 그래도 운 좋게 할아버지께서 먼 친척 되는 어른과 함께 떠날 수 있도록 수배해 주셔서 무난히 이동수단을 확보할 수 있었다.

나는 다시 돌아올지도, 아니면 영원히 다시 볼 수 없을지도 모르는 이별을 고하기 위해 너바위 수복이 이모 집을 찾아갔다. 이모는 지극히 사랑해 주었던 남편을 여읜 슬픔에 많이 쇠약해 보였다. 그래도 이모는 점심을 차려주셨고, 떠나는 나에게 군대 담요로 만든 이모부의 따뜻한 점퍼를 입혀주시며 하염없이 눈물을 흘리셨다. "꼭 다시 고향으로 돌아오라."는 말도 잊지 않으셨다. 그러나 이것이 이모와의 마지막 이별이 되리라고는 그때는 알지 못했다.

힘없는 나라를 덮친 전쟁의 상흔은 너무나 컸다. 북한군이 후퇴하면서 죽인 많은 사람들, 국군이 진격하면서 희생된 사람들, 국군이 후퇴하면서 죽인 많은 사람들, 북한군이 진격하면서 또 죽인 많은 사람들…. 전쟁은 이렇게 잔혹했다. 이념전쟁은 옳고 그름을 따지지 않았다. '네 편이냐, 내 편이냐'만 따져 죽였으니 그 희생은 말할 수 없이 컸다.

이전부터 나는 이모를 여러 번 만나 이모부에 대해 많은 이야기를 들을 수 있었다. 이모부는 일본 유학을 마친 엘리트로 키도 훤칠한 미남이어서 주변의 많은 신망을 받았던 분이었다. 우리 이모 또한 미인이어서 두 분의 혼사는 아주 쉽게 이루어졌고, 단란한 가정을 이루어 정말 '깨가 쏟아지게' 잘 살았다.

그런데 하루는 공산당에서 이모부를 불러 당(黨) 위원회의 행정 업무를 봐 달라는 요구를 하였고, 이모부는 대학에서의 전공이 언어학(言語學)이라 행정에 관해서는 전혀 알지 못한다는 핑계로 사양을 했다고 한다. 그러자 당은 '지주의 집안'이니, '당의 명령에 반하는 것은 반동 행위'이니 하며 계속해서 협박을 해왔다. 할 수 없이 이모부는 당에 들어갈 수밖에 없었고, 누구에게도 해코지 한 일도 없으니 국군이 들어온다고 해도 두려워할 일이 없다며 도피하지 않았다고 한다.

그러나 국군이 들어와 당시 공산당원 전부를 구속하고,

향후 심사하여 유무죄를 가리겠다고 했었는데, 급한 후퇴명령을 받고는 공산주의자들이 후퇴하면서 저지른 학살의 보복으로, 구속된 사람들 모두를 손발을 묶어 바다에 빠뜨려 죽였다고 한다. 너무도 애석한 일이다. 이런 게 이념전쟁의 실상인 것이다.

그 해 겨울은 얼마나 추웠는지 모른다. 목장갑을 낀 손은 이미 감각을 잃은 것 같았고, 교복 위에 입은 이모부의 담요 점퍼도 별 소용이 없었다. 나는 할머니의 외가 쪽 어른을 따라 돛을 단 조그마한 어선을 타고 남쪽을 향해 갔다. 선실은 좁았지만 몇몇 사람들과 자리를 나누어 앉았다. 그런데 아마도 원산 앞바다였다고 생각하는데, 갑작스럽게 바람의 방향이 바뀌어 배는 도로 북상할 수밖에 없게 되었다. 우리가 떠난 자리에 이미 북한 인민군이 와 있을지도 모르는 상황이었지만, 오로지 바람에 의존하는 배라서 풍향이 바뀌면 어쩔 도리가 없는 것이었다.

배가 도로 북으로 올라가 정박한 곳은 물계라는 곳인데, 흥남에서 남쪽으로 얼마 떨어지지 않은 곳으로, 사람들이 피난을 떠나 인기척이 없는 작은 어촌이었다. 배에서 내려 마을에 들어가니 사람들이 바삐 떠난 흔적들이 여러 곳에 남아 있었다. 쌀독에는 쌀이 그대로 남아 있었고, 말린 생선 등 반찬거리도 남아 있어서, 밥을 지어서는 모두 배불리 먹을 수 있었다. 침구들도 많이 남아 있어 잠도 잘 자고 아침을 맞았다.

  그곳에는 우리 배와 같은 처지에 놓인 배들 몇 척이 있었다. 그때 피난을 떠났던 마을 주민들이 미처 챙겨가지 못했던 짐들을 가지러 왔다며, 흥남부두에 가면 미군들이 피난민들을 받아준다는 것이었다. 그런데 뒷산 쪽에서 기관총 소리가 크게 나기 시작해서 우리 모두는 급히 뛰어 배에 올라타고 배를 띄웠다. 그리고 마을 사람들에게 들은 대로 흥남부두로 향했다. 그러나 선주들은 그 배가 자기들의 생명줄이나 같을 터이니, 배를 포기하면서까지 피난민 대열에 합류하지는 않을 것이라 믿었다.

흥남부두

　우리는 한밤중이 되어서야 흥남부두에 도착하여 배에서 내려 친척 어른 일행과 함께 다행히도 피난민 대열에 합류할 수 있었고, 그 줄이 서서히 부두 쪽으로 움직이는 대로 몸을 맡긴 채 걸어갔다. 그제서야 '정말 살 수 있겠다.'는 확신이 섰다. 그런데 점점 흥남부두에 가까워지자 활활 타오르는 불길이 뚜렷이 보이기에, 혹시 우리가 타고 갈 배가 인민군의 포격으로 불타는 게 아닌가 불안한 생각도 들었다. 나중에 확인할 수 있었지만, 우리 피난민들을 조금이라도 더 태우기 위해 미군들이 후송해 가려고 했던 많은 전쟁 장비와 군수 물자들을 불태우는 것이었다. 부두에 다다르자 그 불길이 얼마나 강렬했던지, 얼굴이 화끈거려 사람들은 거적때기 같은 것으로 불길을 가리고 가기도 했다.

　불을 환하게 밝힌 우리가 탈 상선에 도착하자, 부두에 서 있던 미군 몇 명이 긴 탁자를 펴 놓고, 탁자 위에 놓인 것 중에 어린이들에게는 드롭스를, 어른들에게는 담배 한 개비씩을 나눠주면서 "메리 크리스마스!"라고 인사하였다. 그때서야 그 날이 12월 24일이며 크리스마스 이브라는 것을 깨달았다. 나는 드롭스를 받고 싶었는데 담배를 주어서 다소 섭섭했지만, 이게 바로 '남으로 가는 티켓'이구나 하는 생각에 기쁘게 받고 배에 올랐다.

정말 만감이 교차하는 순간이었다. 인민군 병사가 되기를 거부한 후부터 그 길고도 험난했던, 늘 불안하고 항상 쫓기는 듯했던 긴 나날들이 주마등처럼 지나갔다. 그 길고 긴 터널을 죽지 않고 빠져나와 밝게 빛나는 선상(船上)의 등불을 향하는 순간, 정말 고진감래(苦盡甘來)라는 말이 생각났고, 뜨거운 눈물이 내 볼을 적셨다. "고맙구나, 이영우. 너는 정말 잘했다." 나 스스로에게도 감사했다. '앞으로 닥칠 일 같은 것들, 그것은 아무것도 아니야. 함흥 반룡산 학도병검사소에서 미군 항공기의 강력한 기총소사를 받은 가운데서도 당당하게 철조망을 뚫고 나온 내가 아닌가! 앞으로 그보다 더 큰 어려움이 있겠는가?' 하는 생각으로 내 자신을 격려했다.

우리가 탄 배는 메러디스 빅토리(Meredith Victory)호 라는 화물선이었고, 이 배가 흥남철수의 마지막 배였다. 듣기로는 정원(定員) 60명의 배에, 아무리 화물칸에 다 태워도 무장병력 400명밖에 탈 수 없는 배에 피난민 1만4천명이 탔다니 그 끔찍한 상황은 말할 필요가 없었다. 몸도 옴짝달싹하기 힘든 조밀한 공간에서 공기는 질식할 것만 같았고, 모든 사람이 그 자리에서 그대로 배설을 해댔기 때문에 악취 또한 대단해서 나는 도저히 견딜 수가 없었다. 나는 가까스로 사람들 틈을 헤집고 밖으로 나왔다.

이제 아무리 춥고 한기가 들어도 이미 내 자리는 없어진 터라 몸을 뉠 곳을 찾아보았지만, 그러한 공간은 어디에도 없었다. 이 배는 수송선이어서 넓은 데크가 있었다. 할 수 없이 나는 데크를 덮은 두꺼운 가빠를 약간 들어 올리고 몸을 밀어 넣어 보았지만 밀려오는 한기를 막을 수는 없었다. 그래도 어쩔 수 없는 상태라 그냥 견뎌낼 수밖에는 별도리가 없었다. 갑판에 드러누워 하늘을 보니 그 찬란한 수많은 별들의 반짝임이 나를 축복해 주는 것 같았다. 춥기는 했지만 감사한 마음이 들었다.

그렇게 추웠는데도 잠이 들었었나 보다. 길게 울리는 고동 소리에 일어나 보니 배가 부두에 정박하고 있었다. 거제

장승포항이었다. 부두에는 많은 사람이 웅성거렸다. 지방 행정기관 요원들, 그리고 선발된 봉사요원들이겠거니 했다. 그런데 오랫동안 밥을 먹지 못해 몹시 허기져 있을 우리들에게 밥을 지급해 주기 위해 여러 명의 아가씨들이 함지에 담은 주먹밥을 들고 있거나 머리에 이고 있는 것이었다.

맑은 공기와 따뜻한 날씨, 배 갑판 위에서 밤새 떨었던 탓일까, 정말 포근함을 느꼈다. 그런데 내가 느낀 첫인상 가운데 제일 놀라웠던 것은 길게 땋은 처녀들의 머리였다. 이미 이북에서는 모든 처녀들은 단발머리였고, 나이 들면 파마 머리, 그 위의 사람들은 쪽진 머리였는데, 아직 땋은 머리라니, 정말 시간이 멈춘 듯 놀라웠다.

아가씨들이 나누어준 주먹밥을 배정받은 후 조별로 나누어 먹었다. 그리고 피난민들을 분류하여 다시 조(組)를 짰다. 나는 집안 어른, 그리고 어른의 두 딸과 함께 같은 조에 속하게 되었다. 그러나 어디로 가는 조인지는 모르는 상태였다. 그 집안 어른은 우리 외할머니를 고모라고 부르는 것을 들은 적이 있다. 그리고 그 집에 무슨 행사가 있을 때 가끔 갔던 적은 있었지만, 자주 다닌 편은 아니었다.

   외할머니께서는 나를 떠나보내실 때 나에게 4천 원을 주셨다. 그때 확실히는 모르지만, 장 보는 데 1~2십 원이면 다 보았으니 4천 원은 아마도 이북에서는 큰돈이었을 것이라 생각된다. 그때 정확한지는 모르겠지만 남한에서 공작 담배 한 갑이 5백여 원이었던 것으로 기억한다.

   식사 후 조 편성한 대로 지도하는 사람을 따라 걸었고, 점심때가 한참 지나서 거제읍 내관리에 도착하여 각 가족 별로 거주할 곳을 배정받았다. 어르신 가족이 나보다도 어린 딸 둘을 데리고 있어서 한 방에서 같이 살기는 어려웠다. 그때 나보다는 두어 살 많을 것 같은 그곳의 젊은 반장이, 마을 사람들이 공동 작업을 하는 방이 있으니 그곳에서 기거하면 어떻겠냐고 하여, 나는 그렇게 해주면 고맙겠다고 하고 그를 따라갔다. 그 방은 반장의 집 뒷방이었고 꽤 넓었다.

   그때는 겨울철이라 농사일은 없었고, 마을 젊은이들이 모여 새끼를 꽈 새끼줄도 만들고 때로는 짚신, 미투리 등을 만들기도 하였다. 나는 그 마을 젊은이들이 하는 일을 도울 수 없었다. 왜냐하면 나는 그런 일을 해본 경험이 없었기 때문이다. 그 대신 나는 내가 알고 있는 여러 이야기들을 해 주었고, 반장을 포함한 젊은이들은 내 이야기를 듣고 무척 재미있어 하였다. 주로 내가 읽었던 소설 얘기였는데, 그들은 그 소설들을 읽은 적이 없었던 것 같았다.

나는 기거는 거기서 했지만, 밥은 친척 어른 집에 가서 먹었다. 내가 해야 할 일 가운데 가장 큰 일은 산에 가서 땔감을 구해오는 일이었다. 나는 평생 땔감을 구하기 위해 산에 가 본 적이 없어서, 반장이 헌 지게도 구해주고 'Y'자형 지게 받침대도 주어서 그것으로 일을 시작하였고 차츰 익숙해져 갔다.

2. 국민방위군

두 번째 소집영장

하루는 반장이 보국대(報國隊)로 일하러 가야 한다고 하였다. 그 일은 산에서 벌채한 나무를 운반하는 일이었다. 지게질은 정말 힘들었다. 땔감 정도를 지게에 묶고 균형을 잡는 일은 그리 힘들지 않았으나, 벌채한 긴 소나무를 뉘여 지게에 싣고 일어나 균형을 잡는 일은 예삿일이 아니었다. 기우뚱 기우뚱 옆으로 왔다갔다 기울어져 넘어지기 일쑤였다. 몇 번을 넘어지고서야 겨우 마을까지 도착할 수 있었다.

아무튼 어렵게 반장 집에 도착하였을 때, 어르신께서 급히 집으로 오라는 전갈이 와 있어서 곧장 어르신 집으로 달려갔다. 갔더니 나에게 국민방위군 예비군 소집영장이 나와 곧 입대해야 한다며 소집영장을 보여 주셨다. 그때가 아마도 내가 거제도에 도착한 지 한 달 남짓 된 때로 기억한다. 전쟁 초기인 1950년 7월 6일, 이북에서 첫 인민군 소집통보를 받았던 나에게는 두 번 째 소집영장인 셈이다.

당시 중공군의 개입으로 불리해지는 전황을 타개하기 위해 정부는 1950년 12월 16일 통과된 '국민방위군설치법'에 의거 만 17세에서 40세 미만의 장병 50만 명을 강제 징집하였는데, 그 강제 징집의 대상에 나도 포함되었던 것이다.

나는 참 기가 막혔다. 이북에서 전쟁에 끌려 나가 죽기 싫어서 이남으로 피난을 왔더니, 이남에서 또 나를 전쟁터로 갈 준비를 하는 예비군으로 훈련을 받고 전쟁터로 나가라고 한다. 지금 남한이 적(敵)으로 싸우고 있는 적성국(敵性國)에서 온 어린 학생을, 그것도 아직 신분도 확실히 모른 채 군인으로 만들어 북한과 싸우려고 한다. 이게 과연 가능한 일인가?

나의 어린 마음에도 있을 수 없는 일이라 생각되었다. 그러나 이 억울한 사연을 어디에 호소해야 할지도 모르겠고, 또 여기서도 반동분자가 된다면 '앞으로 어떻게 이 사회에서 살 수 있겠는가' 하는 생각이 들어서, 나는 이 기막힌 운명을 받아들일 수밖에 없겠구나 하고 체념하였다.

약 보름 정도 지나 소집 장소인 성산포국민학교로 갔다. 북한을 도망쳐 나올 때와 똑같은 옷차림으로, 내가 몸에 지닌 것은 콘사이스 영어사전과 이북을 떠날 때 할머니께서 주셨던 4천 원이 전부였다. 이북에서의 4천 원은 비교적 큰돈이었지만, 남한 돈과 1:1로 환전했기 때문에 보잘것없는 돈이 되었다. 그러나 후에 고구마 사 먹는 데는 좋은 밑천이 되었다.

소집된 다른 사람들과 함께 한참 쉬고 있는데, 친척 어르신께서 딸들과 함께 오셔서 갖고 오신 도시락을 풀어주시며 먹으라고 하셨다. 배고픈 터라 허겁지겁 먹긴 했지만, 먹으면서도 좀 기분이 이상함을 느꼈다. 먹고 난 후 조금 지나니 얼굴이 붉어지고, 심장의 고동이 심해지며 아찔해졌다. 내가 먹은 것은 다름 아닌 막걸리를 만들고 남은 술지게미였던 것이다. 그때의 이 서글픈 일화를 밝히는 것은, 그 당시 피난민들의 식량난이 얼마나 심각했는지를 알려주기 위해서다.

친척 어른과 이별하고 한참 걸어가니 해가 졌고 어둠이 깔렸다. 주위가 너무 어두워 어떤 시설인지 가늠할 수도 없었다. 다만 눈앞에 보이는 것은 거적때기 같은 깔개와 이불이었다. 아무튼 잠을 잤다기보다는 밤을 새웠다는 게 옳은 표현일 것이다. 또 행군이 시작되었고, 한낮 즈음에 산기슭에 위치한 통영국민학교에 도착하였다. 그리고 비로소 나는 101 예비 연대에 배속되었음을 알게 되었다.

학교는 텅 비어 있었고 부대를 수용할 어떤 시설도 보이지 않았다. 교실이 그대로 막사였다. 한 교실에 2개 소대가 함께 있었던 것으로 생각되며, 방위군 소대장도 임명되었다. 그때 나는 비교적 어리고 팔팔한 편이라 소대장 전령병이 되었다.

전령병의 주 임무는 소대장의 밥을 타다 주고 그 식기를 관리하는 일이다. 관리한다고 해서 특별한 것은 없고, 식사 후 식기를 깨끗이 닦고 보관해 두었다가 때가 되면 밥을 타서 소대장에게 갖다 주는 일이다. 그러다 보니 소대장이 남긴 밥은 나의 보충식이 되었다.

매일 죽어 나가는 대원들

그런데 그때 우리 병사들의 식사는 어떠했는가? 물론 식기는 없다. 그러면 무엇으로 밥을 받는가? 계란보다 조금 큰 주먹밥을 손바닥에 받고, 그 반대쪽 손바닥에 반찬, 즉 소금을 조금 받는 것이 전부였는데, 식기나 수저가 왜 필요했겠는가. 한쪽 손바닥의 밥을 입에 깨물고, 한쪽 손바닥의 소금을 혀로 핥으면 식사는 끝이 난다. 그러니 당번이 밥을 타오는 양동이 한 개만 있으면, 모든 식사 준비가 해결되니 얼마나 편리했겠나. 이런 밥을 며칠 먹으면 처음 찾아오는 증상이 비타민 결핍이다.

한번은 우리 소대가 줄을 서서 통영 부두에 도착한 장작을 운반하는 사역을 가게 되었다. 큰길을 한참 가는데 사람들이 먹고 버린 사과속갱이가 길가에 떨어져 있는 것이 번득 보였다. 내 눈에는 거의 호박덩어리만큼이나 크게 보였다.

그래서 대열을 이탈하여 초고속으로 뛰어가 사과속갱이를 잡았는데, 움켜 쥔 내 손위에 순간적으로 여러 개의 손들이 포개졌다. 나는 순간 생각했다. 만약 내가 사과속갱이에 묻은 흙을 털려고 손바닥을 편다면 그 천혜의 영양분은 내 것이 될 수가 없겠구나 하는 생각에, 나는 손바닥을 펴지 않고 그냥 입으로 가져갔다. 그때 주워 먹은 사과속갱이가, 내가 다른 사람들처럼 죽지 않고 살아서 훈련을 마치게 해준 원동력의 일부라고 나는 굳게 믿는다.

 아무튼 이렇게 지독한 최악의 환경 속에서도 훈련은 매일 계속되었다. 훈련이라고 해봤자 아무 장비도 없는 맨손으로 무슨 훈련을 할 수 있겠는가. 먹는 문제, 장비, 환경들이 전혀 갖추어지지 못한 상태에서 무엇을 할 수 있겠는가. 앞에서 기술한 대로 2개 소대가 한 교실에서 생활하는데, 침구가 하나도 없어 취침시간이 되면 그야말로 대소동이 벌어진다. 서로 가운데로 들어가 짐승들처럼 상호 체온 교환으로 따뜻하게 자려고 자리다툼이 벌어지는 것이다.
 가운데로 들어가 한참 자다 보면 숨이 막혀 잠을 깬다. 왜

냐하면 처음 잘 때 맨 위에 있던 자기 다리와 몸통이가 조금 자다 보면 맨 밑에 깔려 있고, 수많은 다리가 내 몸통을 누르고 있어 숨이 막히기 때문이다. 그래서 깔린 다리를 들어 다시 위에 올려놓으면, 또 제일 밑으로 깔려 잠을 깨는 것이 반복된다.

　이런 상황에 얼굴 한 번도 씻지 못하고 밀집되어 잠을 자고 있으니 그 위생 상태야 어떠했겠는가. 이〔虱〕가 번지고 번져 머리까지 서캐가 하얗게 끼고 몸속에까지 창궐하고 무수히 번져 교관들은 훈련에 들어가기 전에 이 퇴치 작업부터 먼저 해야 했다.

　우선 양지바른 곳에 자리 잡고 내복을 벗으면, 숨었던 이들이 스멀스멀 기어 나온다. 이때 내복을 탈탈 털어 이를 털어내는 것이다. 이가 얼마나 많은지 매일 그렇게 털어내도 계속 나온다. 그것은 그때 훈련병들의 환경이 이가 생존할 수 있는 최적의 환경이 되어, 매일 많은 서캐가 부화되었던 것으로 생각된다.

　이런 열악한 환경에서 신체검사도 받지 않고 끌려온 나이 많은 대원들 가운데는 병약자(病弱者)가 많았었던 것 같다. 아침 기상 후 운동장을 내다보면 철봉이나 평행봉 같은 운동 시설이 설치된 운동장 가장자리에는, 거적때기에 덮힌 시신들이 매일 10구 내외가 눈에 띄었다. 그렇지만 그런 날이 매일 반복되는 일상이라 모두가 무심히 보아 넘겼다. 사람이 극한 상황에 놓이게 되면 우선 동정심이 없어지고, 나도 언제 저렇게 될지 모른다는 생각에선지 무관심해지는 것 같다. 인간 본연의 인성이 사라지면 동물과 다를 게 없어지는 것이 아닌가 생각되었다.

콘사이스냐 점퍼냐

훈련병의 제일 큰 문제는 배고픔이었다. 할머니에게 받은 4천 원은 이미 고구마 사 먹는 데 다 써버린 지 오래고, 다음 내게 남은 것이라곤 콘사이스와 이모가 나를 떠나보내며 입혀주신 점퍼가 전부였다. 이 콘사이스와 점퍼를 두고 나는 심한 갈등에 빠지게 된다.

처음엔 콘사이스는 지키고, 이제 날씨도 어느 정도 따뜻해질 것이니 점퍼를 고구마와 바꿔 먹어야겠다고 생각했다. 그러나 어느 순간, '나를 지켜준 것은 콘사이스가 아니고 점퍼가 아니던가. 그런데 어찌 점퍼를 먼저 버리려 하는가. 더욱이나 돌아가신 이모부의 한(恨)이 깃들어 있는 점퍼를….' 이라는 생각이 들어 생각이 바뀌었다. 그러다 그 생각은 다시 바뀌어, '네가 앞으로 대한민국에서 살아가려면 영어를 배워야 해. 그러니 콘사이스 없이 영어공부를 어떻게 할 수 있겠나? 그러니 점퍼부터 처분해.'하는 생각이 들었다. 정말 점퍼와 콘사이스는 나에게 남은 최후의 자산이어선지, 실로 어려운 결정일 수밖에 없었다.

이 상충하는 고민의 최후는, 콘사이스를 먼저 고구마와 바꾸는 것으로 결론이 났다. '내가 살아남아야 콘사이스도 필요한 게 아니냐' 하는 것으로 낙찰되어, 결국 콘사이스는 철조망 넘어 아주머니 손으로 들어갔고, 대신 나는 몇 개의 고구마를 받았다. '파란만장한 생(生) 속에서도 곱게 지킨 소중한 최후의 자산을 고구마 몇 개와 바꾸다니' 하는 자책이 꽤 오랫동안 나 자신을 괴롭혔다.

그런데 이렇게 구한 고구마를 어디에서 먹어야 하는가 하는 문제가 남아 있다. 우선 고구마를 내 점퍼 안주머니에 숨긴다. 그다음 그것을 먹을 곳을 찾아야 한다. 고구마를 먹고 있는 것이 발견되면, 그 고구마는 더 이상 내 것이 아니다. 배고픈 동료들이 둘러싸기 때문이다. 결국 고구마를 남몰래 먹을 수 있는 곳은 아무리 생각해봐도 화장실밖에 없었다. 나는 또 그렇게 하루를 넘겼다. 그리고 점퍼를 바꾸는 일은 따뜻한 봄 날씨가 될 때까지 상당 기간이 지나서였다.

30인분을 먹어버린 식사 당번

하루는 소대장이 곧 국 배식이 있게 되는데, 국을 받을 수 있는 식기는 각자가 구해야 한다고 하였다. 그리고는 소대장은 우리를 데리고 공동묘지로 가서 각개전투 훈련을 실시한 다음, 애총(어린아이의 묘)을 찾으면 그릇이 있다며, 각자 찾아보라고 하였다. 모두가 애총을 찾아 깨진 그릇을 주워 냇가에 가서 깨끗이 씻어 각자의 식기를 준비할 수 있었다. 나는 운 좋게 흰 사발의 깨어져 나간 부분이 아주 적어 쓸 만했다. 국이라고 해서 받아보니 된장 냄새가 약간 나고 건더기도 배춧잎 몇 개 떠있는 정도였다. 그래도 주먹밥과 소금으로만 먹던 때 보다는 밥이 훨씬 수월하게 넘어가 좋았다.

    국이 나오고 나서 얼마 안 되어서 일어난 일이다. 밥과 소금만일 때는 식사 당번이 한 사람이면 족했다. 주먹밥 서른 개를 양동이에 담고, 조그마한 소금 봉지 하나뿐이었기 때문이다. 그런데 국이 나오고부터는 한 사람은 밥 당번, 한 사람은 국 당번으로 당번이 두 사람이 되었다.
    그런데 어느 날 다른 소대는 점심밥을 먹고 있는데 우리 당번은 오지를 않는 것이다. 그래서 소대장이 전령인 나더러 식당에 가보라고 했다. 나는 식당으로 뛰어가 우리 소대 당번이 오지 않았냐고 식당 반장에게 물었다. 반장은 당번 둘이 와서 벌써 식사를 타갔다는 것이었다.
    돌아와 그대로 보고했더니 소대장은 한참 생각하다 나를 포함해 몇 사람에게 같이 찾아보자고 했다. 소대장은 학교 뒷산 양지바른쪽으로 향했다. 한참 걸어 올라가니 잔디로 덮인 묘가 있었고, 당번 두 사람도 거기 있었다. 소대장이 "이 놈들, 이게 무슨 짓이냐"고 소리 지르며 가까이 갔는데도, 두 사람은 묘 등에 기대어 꼼짝도 않고 누운 채로 두 눈동자만 우리의 움직임에 따라 왔다갔다 하는 것이었다.

 소대장은 한참 그 모습을 보고 있더니 우리를 보고 내려가자고 했고, 그 둘에게는 "이따 내려와 보고해!"라고 지시했다. 내려오면서 묘비석 옆에 놓여 있는 양동이들을 보니 밥통은 텅 비어 있었고, 국통은 건더기는 없고 국물만 조금 남아 있었다. 그날 소대원 모두는 저녁을 굶을 수밖에 없었다.

 꽤 시간이 지난 후 그들은 연병장을 몇 바퀴 도는 벌을 받았지만, 소대장은 그들에게 그 이상의 벌을 주지는 않았다. 아마도 오죽 배가 고팠으면 그랬을까 하는 측은한 동정심, 그리고 초특급 과식을 한 자들에게 더한 육체적 체벌을 가했다가는 오히려 더 큰 문제가 생길 수 있겠다는 염려 때문이었으리라 생각한다. 나도 이와 비슷하게 과식한 경험이 있는데 다음에 기술토록 하겠다.

이[虱] 사체(死體) 반 말

하루는 미군 위생 관리부대가 찾아와 전 대원들이 소독에 참여하게 되었다. 그것은 이를 박멸하기 위해 강력한 압력으로 몸에 DDT를 분사하는 위생 활동이었다. 분사 전에 우리 모두는 바지 끝과 상의 소매 끝을 끈으로 묶고, 바지 앞을 풀어헤쳐 분사기를 맞을 준비를 했다. 순서가 되면 앞, 뒤 옷의 목과 허리 부분을 벌려 강력한 분무기로 소독약을 분사한 다음, 바지 앞을 벌려 분사했다. 그리고 3일 동안 손목과 발목 묶음을 풀지 말라고 당부했다.

이 위생 활동은 입대 후 수개월이 지나 처음 있는 일이어서, 여러 가지 억측들이 나돌았다. 실제 전투부대에 투입하기 위한 사전준비라거나, 방위군 훈련시스템이 실패하여 해체 준비를 하는 것이라고도 하고, 최악의 위생 상태를 개선하기 위해 미군에게 요청한 일회성 행사라는 등 여러 소문들이 나돌았다.

아무튼 하루 이틀이 지나자 손목과 발목 부분에 상당한

무게감을 느끼게 되었다. 그래서 다른 대원들에게도 물으니 모두가 빠짐없이 마찬가지라고 했다. 그렇게 3일이 지나 아침훈련 전 교관들이 손, 발목을 묶었던 끈을 풀라고 했다. 그러자 와르르 쏟아진 하얀 이 껍데기가 가히 반말 정도는 될 것 같았다. 몸에 분사된 DDT 분말 무게는 얼마 되지 않았을 테고, 실제로 죽은 이 껍데기 무게였던 것이다. 그 날부터는 밤마다 극적 거리지 않고 평안한 밤을 보낼 수 있게 되었다.

나만의 설날 특식

하루가 고된 악전고투 속에서도 세월은 흘러 설날이 되었다. 우리의 설날 특식은 주먹밥이 조금 커진 것과 국에 건더기가 좀 나아진 정도였다. 밤에 자는데 고향에서의 따뜻한 집에서 맞이하던 설날의 맛있던 음식들이 눈에 선하여 잠을 이룰 수가 없었다. 소등을 하고 취침에 들어간 지 한 두어 시간 뒤 나는 소변도 마렵고 해서 일어났다. 한번 일어나 나오면 제자리로 들어갈 수가 없게 된다는 것은 당연히 알고 있다. 나는 다시 자려던 게 아니고, 마을에 가려고 일어난 것이다. 문을 닫고 나와 화장실 가는 척하면서 보초병 상태를 확인했더니, 아마도 순찰 중인지 아무도 없었다. 나는 쏜살같이 철조망까지 뛰어가 다시 주변 상황을 확인하고는, 철조망을 들고 그 틈으로 빠져나가 한걸음에 달려서 가까운 마을로 갔다.

옛말에 "빌어먹어도 부잣집에 가서 빌어먹으라."고 안 했던가. 그래서 조금 번듯한 집을 찾아갔다. 사랑채에는 불이 켜져 있었다. 나는 서슴없이 마당에 들어서 "계십니까?" 하였다. 사랑채 문이 열리며 중년의 부인이 대뜸 "훈련소에서 왔어요?"라고 묻는다. "예. 그렇습니다." 그게 대화의 전부였다. 부인은 큰 밥통과 설 나물들을 내어왔다. 나에게는 눈이 번쩍 뜨이는 설 '선물'이었다. 마루턱에 앉아 그 밥을 다 먹어버렸다. 내 생각에는 족히 4~5인분은 되었으리라 생각한다.

그 부인이 "혹시 OOO란 분을 알고 있나요?"라고 묻고는, 내가 모른다고 대답도 하기 전에 "저의 애기아빠도 거기에서 훈련받고 있어요. 그런데 나올 수 없나 봐요." 하면서, 말

끝마다 "다 드세요. 더 드세요." 권하는 것이었다. 나는 정신없이 모든 그릇을 다 비우고 난 다음에야 "애기아빠의 밥을 제가 다 먹어버려서 대단히 죄송합니다. 그리고 감사합니다."하고 일어서려고 했지만, 도저히 허리가 펴지질 않았다. 그래서 겨우겨우 일어나 인사를 마치고는, 천천히 걸음을 옮겨 부대에 살그머니 복귀하였다. 그때 비로소 지난번 식사 당번 둘이 30인분 밥과 국을 나누어 먹고는 일어나지도 못하고 눈알만 왔다갔다 하던 상태를 이해할 수 있었다. 아무튼 자고 일어나니 염려했던 배탈은 일어나지 않았다.

동창생 김춘옥

하루는 사역병으로 뽑혀 통영 부두로 가게 되었다. 부둣가는 늘 사람들로 붐볐다. 한참 걷고 있는데 "영우 아니냐?" 하는 소리가 들렸다. 뒤돌아보니 두 여성인데 한 사람은 대대골에 피신해 있을 때 나를 찾아왔었던 동창생 김춘옥이었고, 또 한 사람은 우리 이모의 가까운 친구로 자주 우리 집에 놀라 오던 분이었다. 그분은 그 동창생의 이모다. 이남 땅을 밟은 후 처음 만나는 지인이어서 무척 반가웠다. 그러나 나는 부대 임무로 나온 처지라 긴 이야기는 할 수 없었고, 다만 통영국민학교에 주둔해 있는 방위군 교육대라고만 알려줬다. 그때 내 몰골은 가히 거지꼴이어서 정말 쥐구멍에라도 숨고 싶은 심정이었다. 그렇게 헤어지고 나는 마른 장작을 등에 지고 부대로 복귀했다.

그런 일이 있고 나서 며칠이 지나서 부대가 다른 곳으로 이동해야 한다고 했다. 아마도 통영국민학교가 개학을 하기 때문인 것 같았다. 부대이동이라 해봤자 행정부서야 챙겨야 할 짐들이 좀 있겠지만, 병사들은 몸뚱이 하나만 옮기면 되는 일이라 별문제 없이 부대 이동이 개시되었다. 우리가 이동해야 할 곳이 어디인지, 이동시간은 얼마나 되는지 등 아무런 설명도 없이 앞에 가는 대오를 따라가라고만 했고, 제법 꽤 오랜 거리를 걸었다고 생각했을 때, '앞으로 전달'하는 소리가 들리면서 10분간 휴식하라는 것이었다.

막 쉬려는데 "이영우 병사는 어디 있는가?"하는 목소리가 들렸다. 지난번 시내에서 잠시 만났던 김춘옥 동창과 이모가 찾아온 것이다. 특별배려로 야트막한 밭머리에 있는 잔디에 마주 앉았다. 행군 중이라 오래 앉아있을 수는 없어 바로 보따리 바구니를 푸니, 김밥과 나에게 가장 필요한 고구마가 들어있었다. 김밥은 그 즉석에서 먹을 만큼 배에 채워 넣었고, 고구마는 나의 저장창고인 점퍼 가슴에 모두 담았다. 그리고는 휴식시간이 끝나 곧 행군이 시작되어, 고맙다는 인사만 했을 뿐 더 대화할 시간적인 여유가 없었다. 그것을 알아서였던지 춘옥이가 쪽지를 주어 받아보니 자기 집 주소였다. 방위군이 해체된다는 소문이 파다하니 제대하면 자기 집으로 찾아오라는 뜻일 것이라 생각되었다.

다시 생각해 보면 김춘옥과 나와는 어릴 적부터 부모들 간의 깊은 인연과 함께 얽혀 있었다. 우선 집이 울타리 하나로 나뉜 앞뒷집이었는데, 그 집은 수산업에 성공하여 근동에서 그 집 어른의 함자를 대면 모르는 사람이 없을 정도였다. 집은 앞뒷집이었지만, 그 집은 대로(大路) 바로 중심에 위치한 집이었고, 우리 집은 경찰서 방향으로 서민들의 주거지역에 속해 있는 집이었다. 더욱이나 엄마끼리는 친구 사이였고, 두 분 다 거의 같은 시기에 회임(懷妊)하여 누가 아들을 낳을 것인지 경쟁을 하였다고 한다. 결과는 우리 엄마의 판정승. 엄마는 1933년 6월 21일에 아들인 나를 낳으셨고, 앞집 김 씨네 집은 하루 뒤인 6월 22일 딸을 낳은 것이다. 참으로 특별한 인연인 것이다.

국민방위군 해체

인고(忍苦)의 나날들은 흘러 어느덧 봄이 되었다. 그러나 방위군에게는 아무런 변화가 없었고, 특별히 훈련이라든가 기타 특기할 만한 상황도 없이 여느 때나 마찬가지로 단조로운 시간이 흘러갔다. 그런데 얼마 있지 않아 방위군이 해체되며 최고책임자인 김윤근(金潤根) 사령관이 재판을 받고 있다는 등의 루머가 떠돌기 시작했다. 그러나 나는 별로 기대하지 않았다. 군대라는 조직이 그렇게 쉽게 변할 수도 없고, 설사 방위군이 해체된다 해도 다른 부대에 다시 배속될 뿐이지 무엇이 다르겠는가 생각하였다.

그런데 사태는 급변하였다. 방위군 사령관은 총살되었으며, 방위군은 전부 해체된다는 것이었다. 소문에 해체 후 병사들은 연령에 따라 제주도 제2훈련소로 가게 되며, 나머지 고령자나 연령 미달자는 집으로 가게 된다고 하였다. 그 연령 구분의 기준을 1933년 6월로 한다는 것이다. 그런데 나는 음력생일을 늘 써와 입대 시 생일을 1933년 6월 21일로 기재했다. 딱 기준이 되는 1933년 6월에 걸린 것이다. 그러니 제주도로 가게 될 것 같은 걱정에 휩싸였다.

그러나 나는 방위군과 같은 군대는 죽어도 다시 가고 싶지 않았고, 설혹 제주도 제2훈련소가 방위군과는 다르다고는 하지만, 달라 봤자 얼마나 다르겠는가 싶었다. 그래서 나는 절대로 다시는 군대를 가지 않겠다고 작심하였다. 며칠 후 훈련소에 갈 사람과 제대할 사람을 분류하는 작업이 진행될 것이라고 하였다. 그러던 어느 날 모든 방위군 병사는 부대별로 연병장에 집합하라고 하였다. 선별작업을 시작한다는 것이었다. 사실은 선별작업이 아니고 자기 병적을 확인하는 작업이었다.

두 살 줄어들다

내 이름을 호명해서 나갔더니 내 병적서를 주었다. 틀림없는 내 것이었고, 생일이 1933년 6월로 되어있으니 나는 제주 제2훈련소 행이 뻔했다. 나는 이 기회를 놓치면 안 되겠다 생각되어 받은 병적서를 접어 주머니에 구겨 넣고는, 담당자의 호명이 모두 끝나기를 기다렸다가 "왜 저는 부르지 않습니까?" 소리쳤다. 그랬더니 큰 서류뭉치를 가리키며 "거기서 네 원적을 찾아보라."고 하였다. 그런데 혹시 이 사람이 내 얼굴이나 목소리를 기억하여, '아까 네가 받아가지 않았나?' 하고 의심하면 어쩌나 하는 걱정이 들었다. 그러나 '그럴 리 없다. 그 많은 사람 가운데 나를 기억할 수 없을 것이다.'고 판단하고는 문서만 부지런히 넘겼다.

아무튼 그 두꺼운 서류뭉치를 다 보아야 하니 빨리 장을 넘기는 수밖에 없었다. 내 이름이 다시 나오건 말건 상관없이 나는 열심히 끝까지 장을 넘기고 난 다음, "없는데요." 했다. 그랬더니 담당자는 "똑같은 착오가 났구먼." 하며, 증빙

양식 2장을 주면서 빨리 양식의 내용을 다 채워서 제출하라고 하였다. 나는 그 때서야 속으로 회심의 미소를 지으며, 두 살 줄여 1935년 11월생이라 적어 제출했다. 담당자는 "이거 확실해?" 물었고, 나는 "예. 확실합니다." 큰소리로 대답하였다. 이렇게 해서 이후 나의 공식적인 생일이 1935년 11월생이 된 것이다. 내 인생에 중요한 전환점이 된 그 날 확인 작업은 그렇게 끝이 났다.

내 스스로 나를 돌아보아도, 작은 체구인 데다 그동안의 도피 생활, 그리고 최근의 피난 생활로 인해 내 몰골은 형편없었다. 그러니 심판관도 어린 학생이 운이 나빠 붙잡혀온 정도로 생각하기에 전혀 무리가 없었을 것이다. 이렇게 방위군 사건은 끝이 났고, 쉽게 제대도 결정되어 내가 바랐던 대로 제대증도 받게 되었다.

인생에 좋은 약

그렇게 제대증을 받고 난 후, 부대생활의 애환을 함께했던 소대장을 만나 마지막 인사를 하였다. 소대장도 이북 출신이었으며, 단지 주(朱) 씨라고만 기억이 난다. 소대장은 나와 악수하면서 "군(君)이 겪은 방위군 생활은 정말 힘든 것이었지만, 이 군의 앞으로의 인생에 좋은 약(藥)이 될 수 있을 것"이라고 하셨다. 나는 그 말을 지금까지도 생생히 기억하며, 그 후 어려운 일이 닥칠 때마다 '그 지독한 방위군 생활도 견뎠는데 이까짓 것' 하면서 견뎌 나갔다.

한참 후에야 안 사실이지만, 국민방위군은 동원과 수송, 훈련과 무장을 위한 예산 확보 및 행정상의 조처를 마련하지 못하였고, 간부들의 부정부패, 지휘통솔력의 취약 등으로 전투에 참여는커녕 총 한번 못 만져 본 장병이 최소 7만7천에서 12만 명이 후방에서 굶어 죽고 얼어 죽었다고 한다. 수족(手足) 손실의 중상자도 학계에서는 최소 20만 명 이상으로 본다는 조사 결과도 있다. 우리 민족의 비극이 아닐 수 없다. 이러한 비참한 일이 우리에게 다시는 일어나서는 안 될 것이다.

3. 피난 생활

부산으로

아무튼 방위군 사건은 그렇게 종료되었고, 나는 자유의 몸이 되었다. 제대 후 처음 생각난 것은 김춘옥에게 고맙다는 인사를 하고 떠나자는 것이었다. 지급 받은 쌀 한 말과 약간의 돈(아마도 교통비)을 받은 다음 춘옥이가 쪽지에 적어준 대로 통영시내에 있는 집을 찾아갔다.

나는 내 몰골이 너무 형편없어서 춘옥과 이모에게 인사만 하고 떠날 요량으로 길가의 식당에서 식사를 한 다음 집으로 찾아갔다. 막 인사를 하고 떠나려고 하였더니, 이모가 극구 말리며, "오늘은 일단 여기에서 쉬고, 다음에 자세한 이야기를 하자."면서 내 등을 떠밀다시피 하여 자그마한 방으로 안내되었다. 부모님을 뵙고 인사하는 일은 내일 하자고 했다. 그런데 이부자리가 너무도 깨끗해 거지가 다 된 이 꼴로 자도 될까 싶었다. 그러나 나는 너무나 피곤하여 그냥 쓰러져 잠이 들었다.

　얼마를 잤는지 눈을 뜨니 창이 많이 밝아 있었다. 나는 급히 일어나 옷을 주섬주섬 주어 입고 막 나가려고 하는데, 나를 막아서는 사람이 있어 놀랐다. 보니 김춘옥이었다. 그녀는 내가 걱정되어 한잠도 자지 않고 내 행동을 감시한 듯 했다. 그러나 난 그녀의 만류를 뿌리치고 신발을 신고는 고맙다는 말만 남기고 연락선이 있는 부두로 갔다. 이 험악한 꼴로 춘옥 부모님을 만날 수 없다는 자존심이 아니었을까 생각된다.

　아직 연락선이 떠날 시간이 되지 않아 대합실에 앉아있는데 춘옥이가 찾아 왔다. 나에게 종이봉지를 넘겨주며 성질도 급하게 그렇게 부모님께 인사도 없이 떠나는 법이 어디 있느냐고 핀잔하였다. 나는 그냥 미안하다고만 대답했다.

연락선 대합실에는 많은 사람들로 붐볐다. 그 가운데서 나는 반가운 사람 한 분을 우연히 만났다. 그 분은 군선에서 헤어졌던 조재희 씨로, 삼촌의 구둣방에서 일하던 분이었다. 전혀 아무것도 알지 못하는 미지(未知)의 큰 도시로 떠나는 나에게, 아저씨와의 만남은 여간 든든하고 고마운 일이 아니었다. 우선 동반자가 생겼다는 점에서 극도의 불안에서 다소 풀려나는 기분이었다.

그제서야 김춘옥이 건네준 종이봉투를 열어보았다. 과자와 함께 편지가 있어 펴보았다. 그 내용은 집에 잠깐이라도 머물면서 천천히 진로를 정할 수도 있는데, 너무 급히 떠나 무척 섭섭하다는 인사말과 함께, 차후 힘에 겨운 어려운 일에 봉착하면 꼭 다시 찾아와 달라는 부탁의 글도 쓰여있었다. 정말 감사한 일이다.

그러나 그때 내가 그렇게 행동한 것은 나의 알량한 자존심 때문만은 아니었다. 나는 어떤 경우든 내 인생의 시작은 내 능력으로 하고 싶었다. 남의 도움을 받고 싶지 않았다. 앞에서 기술한 대로 그 혹독한 방위군에서도 잘 견디고 헤쳐 나온 내가 아닌가. 나는 내 능력과 의지를 믿고, 어떤 고난이

든 내 힘으로 이겨 나가기로 결심하였다. 그러나 현재로서는 어디로 가야 할지 정해진 곳도 없어 조씨 아저씨를 따라가기로 하였다.

연락선은 늦은 밤이 되어서야 부산 부두에 도착하였다. 그러나 아무 연고가 없는 우리 두 사람은 우선 머물러야 할 정해진 곳도 없었고, 처음으로 직면한 낯선 곳에서 어디로 가야 할지 몰라 난감했다. 우선 시장 내 비어 있는 곳을 찾아 밤을 지내기로 하였다. 넓은 어판대를 찾아서 그곳에 가마니를 깔고 주위에 덮여있는 큰 시트 천을 끌어다 덮고 하룻밤을 지냈다. 몸에서는 생선 비린내가 진동하였다. 아침 일찍 일어나 어시장 근처에서 대충 끼니를 때우고, 시내로 발을 옮겨 시간에 따라 들리고 닫히기도 하는 영도다리를 건너 영도(影島)에 들어섰다.

제화(製靴) 기술이 있는 조씨 아저씨는 제화점 몇 곳을 들른 끝에 마침 제화공을 찾고 있었다는 자그마한 구둣가게에서 일을 하기로 하였다. 그래서 우리는 헤어지게 되었고, 그 이후로 조 아저씨를 만난 적은 없다.

청학동 피난민수용소

나는 우선 부산시에 전입신고를 하기 위해 영도다리를 다시 건너 부산시청을 찾아갔다. 시청은 커다란 육군병원 건물 옆에 있어 무난히 찾아 전입신고를 마치고 나오다 학교 후배 둘을 만났다. 김흥종, 윤두현 군이었는데, 예전부터 같은 지역에 살면서 여러 가지 과외활동도 같이 하고 자주 만났던 터라 너무나 반가웠다. 지옥에서 부처님을 만난 듯 기뻤다.

모두 등록을 마치고 두 후배를 따라 신포 피난민수용소가 있다는 청학동 피난민수용소로 따라갔다. 이 수용소는 일찍이 고향 신포를 떠나 남한으로 내려온 후 경찰에 투신해 내무부 치안국장(당시 경찰총수)까지 올라간 이성주(李成株) 씨가 고향에서 온 피난민들을 위해 만든 것으로, 수용된 사람들 대부분이 신포에서 온 피난민들이었다.

그러나 수용된 피난민들로 입추의 여지가 없는 처지여서

거기에서 자리를 얻을 수는 없었고, 후배들의 권유로 적당한 작은 배 하나를 거처할 곳으로 잡았다. 당시 수리를 위해 이미 육지로 인양되었으나, 조선소에서는 전쟁 지원을 위한 배 수리 수요가 밀려 일반 선박의 수리는 거의 포기된 상태라서 작은 배들이 그냥 방치되어 있었고, 언제 수리될지 기약도 없었다. 그래서 피난민들이 이 배들을 거소로 이용하는 경우가 많았다. 나는 특별한 짐도 없는 터라 가마니 하나로 준비는 끝났다.

　이제 잠자리는 준비되었으니 남은 문제는 '어떻게 돈을 버느냐' 하는 것이었다. 우선 후배들이 다니는 미군부대에 가보기로 했다. 영도 입석 부두는 미군들의 식량을 공급하는 부두로, 온갖 식료품이 이곳에서 전선으로 이송된다고 한다. 나는 여러 사람들과 함께 줄을 섰다. 그러면 미군들이 한 사람 한 사람 아래위로 훑어보고는 'Ok!' 혹은 'No!'를 외친다. 그와 함께 한국인 반장이 있는데, 그 반장이 무슨 일을 하라고 우리에게 지시를 하는 것이다. 어떤 때는 많은 인원이 반장과 함께 일하게 되는 때도 있고, 때로는 각자가 각기 다른 임무를 맡는 때도 있다.

　각기 다른 임무를 맡는 그때가 제일 좋은 찬스다. 일찍 일을 끝내면 작업자들은 어느 줄, 어느 위치에 자기가 좋아하는 식료품이 있는지를 알고 있다. 그러면 그 천막을 들고 몰래 들어가 빈 공간을 찾아 점 찍은 박스를 뜯고 재빨리 먹는 것이다. 운수가 좋으면 그날은 밥을 사 먹지 않아도 되고, 운이 나쁘면 미군 순찰자의 발길에 몇 번 차인다. 그러면서 반장을 불러 "앞으로 이 자를 채용하지 말라."는 지시를 내린다. 그러나 그것이 그렇게 문제가 되지 않는 것이, 다음날에는 다른 반장이 있는 대열로 가면 그뿐인 것이다.

　나는 그때 키가 작아 'No!'를 받은 때가 종종 있어서, 까치발을 들어 키 높이를 높여서 들어갔다. 대부분의 경우 일을 마치고 나오면서 그날 수당을 받는다. 말 그대로 일용노동자다. 정문을 나오면 '유엔잡탕'이라 불리는 꿀꿀이죽을 파는 곳이 있다. 때로는 휴지도 나오고 담배꽁초도 나오지만 맛은 기가 막히다. 미군들이 먹고 버린 것이라 고깃덩어리가 들어있는 때도 있고, 때로는 사과나 바나나가 들어 있는 경우도 있다. 이 잡탕은 그래도 엄청 펄펄 끓이는 덕분에 위생 상의 큰 문제는 생기지 않았으며, 값도 싸서 많이들 먹었다.

 나는 차츰 요령이 생겨 아침반을 마치고 저녁반에 다시 지원하여 일을 했다. 그러면 때로는 식사도 일하는 동안 해결할 수 있었다. 사실 쉬어봤자 숙소가 찬바람이 스산한 선박 밑바닥이니 편히 쉬기도 사실상 불가능한 상태라서 밤낮으로 일하는 때가 많아졌다.

 그래도 남에게 지지 않고 열심히 일했으나, 차츰 의문이 생기기 시작하였다. 우리가 일하면서 왜 미군의 발길질에 차여야 하고, 쌍스러운 욕질을 당해야 하는지…. 그들은 우리보다 교육수준이 낮은 자가 많은 데도 말이다.

천우신조

 그때 우리는 피난민 수용소 소속이었다. 하루는 피난민 수용소 이름으로 보국대로 나가라고 했다. 명을 거역할 수 없어서 보국대로 갔는데, 그날 작업은 제3부두에서 탄약을 운반하는 작업이었다. 수송선이 운반한 탄약 팔레트를 부두의 기중기가 부두에 내려놓으면, 팔레트에 담긴 탄약 박스를 하나하나 창고나 트럭으로 옮기는 작업이었다. 포탄은 내 힘으로는 힘겨운 엄청 무거운 것이어서 정말 고된 작업이었다.

하루는 작업 중에 소변이 마려워 용변을 보고 걸어 나오는데, 부두에서 작업하던 사람들이 마구 고함을 치는 것이었다. 사방을 둘러보아도 아무것도 없는데 아마도 다른 사람을 부르는 것이려니 생각하고 그냥 천천히 걸었다. 그런데 바로 내 등 뒤에서 '콰당!'하며 폭탄 터지는 듯한 소리가 나 돌아보니, 방금 포탄을 잔뜩 실은 팔레트가 떨어진 것이다. 사람들 이야기로는 크레인 운전기사는 워낙 높은 데서 일하기 때문에 밑에 있는 사람이나 걸어가는 사람을 잘 보지 못해 가끔 이런 사고가 일어난다는 것이었다. 나는 천우신조(天佑神助)로 죽음을 면한 셈이었다. 부두에서 일하는 사람들은 늘 하늘을 먼저 보아야 한다고 하였다. 아무튼 보국대 일은 힘들기는 하였지만, 하루하루를 무사히 마칠 수 있었다.

또 하나 재미있는 이야기는 좀도둑(?)들이 미국 재산을 빼먹는 이야기이다. 고기통조림, 파인애플통조림, 선드리팩 등은 한국 사람들에게 상당히 인기가 있어서, 한국인 작업자들, 미군, 해녀들과의 합동 작전으로 좋은 물건들을 밖으로 빼낸다. 미군들의 정보를 받은 한국 작업반장들이 그 물건들을 바다에 침몰시키면, 대기 중인 해녀들이 잠행(潛行)하여 그 물건들을 육지로 옮겨서 판매책들에게 넘겨 그 과실을 공유하는 것이다. 참으로 기발한 네트웍이 아닐 수 없다.

알루미늄 솥 공장

입석부두에서 일을 한 지도 어느 정도 지나서 하루는 김홍종 군이 찾아왔다. 수용소 자기가 살고 있는 친척집에 여유가 생겼으니 자기와 같이 있자고 하는 것이었다. 얼마나 고마운 일인가. 그 집은 양씨 어른과 큰따님과 어린 두 아들, 그리고 김홍종군이 살고 있었다. 들어가기가 민망스러워 거절하려고 했지만, 모처럼의 어르신의 호의를 그냥 거절할 수도 없어 일단 만나 뵙기로 하였다. 어르신께서는 나의 어려운 처지를 잘 아시는 터라 아무 말 말고 바로 들어오라고 하셨다. 짐도 특별히 없었기에 바로 옮겨가 살게 되었다.

살림은 나보다 2년 아래인 어르신의 따님이 맡아 하고 있었다. 이제부터 나도 살림에 도움을 드리려면 제대로 된 직업을 가져야 하겠다고 생각하던 중, 마침 수용소에서 멀지 않은 알루미늄 솥 공장에서 일꾼을 구한다고 해서 가서 면접을 보고 일을 하게 되었다. 사장은 김종황 씨로 그 당시 유명했던 진주농고 출신으로, 아들 둘, 딸 하나를 둔 유복한 가정이었다. 처남 이현배 씨는 직원이면서 현장 감시역, 직원은 나를 포함해 다섯 사람이었다.

비교적 단순한 작업이지만 안전 문제 등 까다로운 부분이 있어 처음엔 힘들었으나, 동료 직원들의 도움으로 곧 익숙해질 수 있었다. 작업은 로꾸로(ろくろ, 轆轤)에서 하는 작업, 나무로 된 틀 주물에서 갓 나온 솥을 단단히 물리고 난 다음 돌리면서 바이트로 솥 밑 부분(나무틀에 끼인)을 제외하고 솥 안팎을 전부 깎아 내고 광택제로 연마하여 빛을 내는 작업이다.

처음에는 실수로 다치기도 하였지만, 숙달하기 시작하니 재미있기도 해 열심히 했더니, 동료 직원들이 일을 빨리 배우는 편이라며 잘 한다고 칭찬해 주었다. 신이 나서 더욱 열심히 한 결과 얼마 안 있어 한 사람 몫의 일을 제대로 할 수 있게 되었다. 그때부터는 밥은 사장님 댁에서 먹고 다니게 되고, 공장 마당 한 구석에 판잣집을 하나 지어 기거하게 되었다. 식사가 해결되고 거처가 정해지니 그렇게 좋을 수가 없었다. 가끔 친구들이 찾아오기도 하여 하루 저녁 자고 가기도 하였다.

폐렴

우리 공장 뒤편에는 선반 공장이 있었고, 나이 많은 할아버지 사장과 선반공 두 사람이 있었다. 이 사람들도 흥남에서 배를 타고 월남한 사람들이어서 가깝게 지냈다. 두 젊은이는 나보다 두어 살 많은 형제였는데, 동생 이름은 하순봉이라고 기억이 나나 형의 이름은 기억이 나질 않는다. 그 형제와 의기투합하여 철봉도 하나 세우고 평행봉도 세워 쉬는 시간에 열심히 운동하였고, 우리 사장님도 이북 사람들은 이남 사람들과 달리 아주 활동적이라 좋다며 늘 잘 대해 주셨다.

  그런데 언제부터인가 이렇게 아무 공부도 안 하고, 무위도식하다가는 내 인생이 그냥 일개 공장직공으로 끝나게 되는 것은 아닌지 초조함이 들기 시작하였다. 그래서 영어와 일본어 공부를 시작하기로 결심하였다. 그런데 일본어는 초등학교에 다닐 때 배운 기초가 있었으나 영어는 기초가 너무 없었다. 가끔 독립유공자이며 외무장관을 역임한 임병직(林炳稷) 교수님이 주말마다 오셔서 영어 기초를 가르쳐 주셨으나, 일 때문에 빠지는 경우가 많아 크게 도움이 되지는 못했다. 더욱이나 일이 끝나는 시간이 일정치 않아 늦게 끝나게 되는 경우가 많았고, 또 일의 특성상 작업 후에 몸을 깨끗이 씻어야 하는 터라 모든 게 끝나는 시간이 비교적 늦었다. 그 다음에야 오롯이 내 공부시간이어서 새벽까지 공부를 하였다. 그러다 보니 잠을 자는 시간이 너무 부족했다. 3~4시간, 때로는 2-3시간 정도 밖에 자지 못했다.

  그런 생활이 오래 지속되던 어느 날 결국 일을 하다 쓰러졌다. 동료 직원들의 도움으로 내 골방으로 옮겨오자마자 내가 의식을 잃었다고 한다. 고향 분들이 가끔 위문을 왔으나, 열이 심하게 높은지라 '열병'이 아닌가 하여 아무도 와서 봐주는 사람이 없었다. 그렇게 지내는데 하루는 우리 성재 외삼촌의 친한 친구분이 와보시고는 내 병의 심각성을 알아차리고 즉시 택시를 불러 동래에서 개업하신 마흑룡 선생님께 데려다 주셨다. 우리 고향 신포에서 유명했던 마 선생님은 폐렴임을 즉시 아시고 항생제 주사를 놓자 곧 해열이 되면서 바로 정신이 들었다. 아마도 항생제에 대한 내성(耐性)이 없어서 효과가 빨랐던 것 같다고 하셨다. 공부도 무리하게 하면 안 된다는 것을 깨달았다. 나는 아직도 이렇게 고마운 분들에 대한 은혜를 갚지 못하고 있다.

  그 후 건강을 회복하기 위해 내 골방에서 쉬고 있었는데, 쇠약해져서 그런지 환상을 보게 되는 경우 종종 있었다. 하루는 방문이 열리면서 내가 어디서 본 듯한 얼굴의 한 여성이 들어왔다. 위에는 파란 엷은 남색 저고리와 하얀 치마를 입고 있었다. 나는 "뉘시오?"라고 물으려고 해도 입이 떨어지질 않아 쳐다보고만 있는데, 여자가 품에서 날이 퍼렇게 선 식칼을 꺼내어 누워있는 내 머리 쪽을 돌아, 높게 달린 조그마한 쪽문 기둥에 '꽉' 박고는 바로 돌아서 문을 열고 나가는 것이었다. 그때서야 정신을 차리고 둘러보니 칼은 없었다. 하도 선명하여 동료들에게 그 이야기를 했더니, 나를 데려가려고 했던 귀신이 내가 죽지 않고 나아지니까 그 분풀이를 한 것이라고 하였다. 이야기를 듣고 보니 그럴 듯하였다.

 그 일이 있고 난 다음부터 내 건강은 급속도로 회복되었다. 그러던 어느 날 내 방의 문을 두드리는 사람이 있어 "누구요?" 했더니, 문을 열고 들이미는 냄비가 있고 그 뒤에 누군가 서 있었다. 아! 그리운 박철숙 군이었다. 고향 한 동네에서 늘 같이 공부하던 친구였다. 그의 할아버지 박승관 어르신은 우리 신포의 유일한 치과의사(면허 없는)였다. 지금 생각하니 치기공사였던 것 같은데, 그 당시 우리 동네에는 치과의사가 없었던 탓에 그 어르신이 치과의사가 되어 많은 사람들이 도움을 받았다. 치료를 잘하신다는 소문이 돌아, 우리 읍내에서 제일 큰 기와집을 갖고 있었다. 그래서 공부방은 늘 그 집이었고, 내가 중학교 입학 때는 그 어르신께서 나의 등록금을 내어주신 고마운 분이기도 하다.

 아무튼 그때 내 사정으로는 꿈도 꿀 수 없었던 박 군이 들고 온 함흥냉면 한 냄비를 먹고 나니 정신이 버쩍 들었고, 이제 일어나도 되겠구나 하는 생각이 들었다. 박 군 역시 내가 이 다음에 여유가 생기면 은혜를 갚아야 할 친구라고 마음에 새겼다. 그러나 박 군과의 만남은 그것이 마지막이었다. 박 군은 당시 어느 경비용역회사에서 일한다고만 들었고, 만나지는 못했다.

당신은 행운아

알루미늄 솥 공장 사업은 6·25 전쟁 후 상당 기간 호황을 누리는 사업이었다. 그래서 전에 기술한 대로 솥을 깎고 닦는 로꾸로 부분 말고도 알미늄 잉콭(incot)을 녹여서 금형에 부어 솥을 찍어내는 주물 부문에도 4~5명이 일하는 등, 사업이 잘 되다 보니 직원도 늘고 수입도 좋아졌던 것 같다.

솥을 만드는 로꾸로 시스템은 휠이 많고 벨트도 많다. 로꾸로 작업벨트가 휠을 벗어나서 로꾸로가 서 버리는 경우나 벨트가 끊어져 다시 벨트를 감을 때 휠이 달린 긴 철봉대(샤프트)에 쇠사다리를 걸쳐놓고 일하게 된다. 이 때 작업이 끝나면 그 사다리를 치워야 하는데, 벨트 이탈이 생길 때마다 사다리를 놓는 게 귀찮아서 그냥 샤프트에 철제 사다리를 걸쳐 놓고 작업을 하는 경우가 많았다.

 이 때 샤프트와의 수평 수직이 정확히 이루어지지 않으면 사다리는 샤프트가 도는 동안 한쪽으로 기울어지면서 땅에 떨어지게 되는데, 어느 날 문제의 그 사다리가 지나가던 내 머리 위에 떨어지는 큰 사고가 일어났다. 쇠사다리는 'ㄱ'자 쇠 앵글로 되어 있기 때문에 크게 부상당하는 경우가 많기 때문에 모두들 놀라 달려와 나를 부축했다. 나는 단지 머리가 얼얼한 느낌뿐이었는데, 두피가 박리되어 두개골이 하얗게 나와 있었다. 간단한 지혈 후 택시로 큰 대학병원으로 이송되었다. 당일로 치료를 마치고 복귀했으나, 병원에서는 상당 기간의 관찰이 필요하다며 "당신은 행운아!"라고 하였다. 대부분의 경우 그렇게 큰 충격을 받으면 두정골(마루뼈)이 깨지며 뇌를 다치게 되는 경우가 많은데, 그렇지 않아 천만다행이라고 했다. 지금도 그 상처는 내 머리 속에 남아 있다.

장교 입대 유혹

어느 날인가 수용소에서 모이라는 통보가 왔다. 그래서 무슨 변화라도 있는가 싶어서 갔더니, 우리 2년 선배가 대위가 되어 후배들을 불러 모으고 있었다. 다른 것이 아니라, 이제 고생 그만하고 장교가 되라는 것이었다. 나도 '아, 이 지긋지긋한 고생에서 벗어날 수 있는 길'이라 생각되어 지원하고 싶어졌다. 그래서 공장주에게 군에 지원해야 되겠다고 얘기하고는 퇴직금 조로 돈까지 받았다.

그런데 내가 신세를 지고 있었던 양씨 어르신과 따님이 극구 말리는 것이었다. 이유인즉, 이제 남북 양 편 모두 휴전을 원하고 있고, 국제연합이 적극 나서서 아마도 불원(不遠)에 휴전이 이루어질 것 같은데, 양측 모두 휴전에 유리한 입장을 획득하기 위해 치열한 전투가 치러질 수밖에 없는 이러한 때에, 전장에서 제일 앞장 설 수밖에 없는 소대장으로 지원한다는 것은 정말 위험한 일이라는 것이었다. 특히 양씨 어른은 일본 와세다 대학을 마치신 분이어서 그 말씀에 신뢰가 갔다.

　그러나 김흥종 군은 자신의 인생을 피난민으로만 살 수는 없기 때문에 자기는 꼭 장교의 길을 택하겠노라고 하였다. 그렇게 해서 나는 솥 공장 직공으로 그냥 남게 되었고, 김 군은 군 장교로 입대함으로써 우리 둘은 각자의 길을 가게 되었다. 아마도 내 생각에 확실치는 않지만, 김 군이 휴가를 한 번 나와서 만났던 것을 미루어 생각하면 휴전되기 4~5개월 정도 전에 임관한 것이 아닌가 생각된다.

　그러나 김 군은 9사단에 배치되어 휴전 성립 불과 1주일 전인 1953년 7월 20일 백마고지 전투에서 산화(散花)하였다. 아마도 김 중위는 그 때에 태극문양이 새겨진 철모를 쓰고, 소위 계급장이 달린 군복과 칼빈 소총을 들고, 백마고지를 향해 "돌격 앞으로!"를 외치며 선두에서 조국을 위해 뛰어가는 숭고한 모습이었을 것이다. 바로 그 시각 나의 처지는 어떠했는가? 머리에서부터 발끝까지 온 몸은 반짝거리는 철분 가루를 뒤집어쓰고, 경유와 연마제가 섞인 검댕으로 인해 얼굴과 온몸이 시꺼멓게 되어 하루의 '빵'을 위해 허덕이고 있었을 내 자신을 생각하며, 회한의 통곡을 하며 눈물을 흘렸다. 친구의 죽음에 대한 통한은 사고무친(四顧無親)인 나에게는 너무나 컸다. 그러나 그 당시 우리 피난민들이 의지하며 살려던 대한민국을 위해 나는 너무나도 무책임하고 쓸모없는 존재인 것 같아 내 마음을 더욱 아프게 했다.

조병창 기술원양성소

내가 그 때 국군에 입대하지 않은 것은 양씨 가족의 만류도 있었지만, 또 한 가지 이유는 조병창(造兵廠) 기술원양성소에 응시하려고 생각하고 있었기 때문이기도 하다. 당시 부산에는 임시정부를 비롯하여 모든 국가기관 및 주요 대학교 및 큰 기업들이 전부 몰려 있었지만, 특별한 직원 채용이나 구인(求人) 수요가 별로 없었기에 조병창 기술원양성소 모집 공고는 상당한 반향을 일으켰다. 누구나가 한번 응시하려는 사람들이 많아 경쟁률이 높을 것으로 예상되어, 나는 수학과 화학, 물리를 열심히 공부하였다.

당시 우리 공장은 철연(鐵聯, 철강연합회)과 같은 위치에 있어 마당을 같이 사용하고 있었고, 철연에서는 ECA(미국 경제 협조처) 물자(구호품)들을 관리하고 있었던 것으로 짐작된다. 그런 관계로 가까이에 철연 간부들의 관사가 있어 그들의 자녀인 많은 학생들이 학교에 다니고 있었다. 하루는 양씨 어른의 딸 명숙 양과 친한 풍문여고 학생이 어려운 문제라며 도와달라고 나에게 가져온 문제는 2차 방정식 문제였다. 2차 방정식은 우리가 중학교 때 이미 끝낸 것이다. 그것으로 추정해 볼 때 이남의 수리 계통이 그때 북한보다 진도가 낮았던 것 같다. 그래서 비슷한 수준의 교과서와 참고서를 뒤져가며 열심히 공부하였고, '이만하면 되겠지' 하고 준비를 마쳤다.

그런데 시험을 치르는데 응시료 등 소소한 돈이 조금 필요하였으나 나에게는 돈이 한 푼도 없었다. 그래서 EC 구호물자 창고 열쇠를 갖고 있는 미스김에게 시험 응시 이야기와 돈이 없는 고충을 이야기하고는, 좋은 구호품 하나를 구할 수 있으면 지원서 제출 비용으로 쓸 수 있을 것 같다고 간청하였다.

직원들이 모두 퇴근한 뒤 미스김이 불러서 갔더니, 창고 문을 열고 나에게 마음에 드는 것 하나를 고르라고 하였다. 나는 어린이 무스탕 자켓을 하나 골랐고, 자켓을 판 돈으로 응시원서 제출을 마칠 수 있었다. 참 고마운 일이었다. 그때 남에게 들키기라도 했으면 미스김은 파면될 것이 뻔한 일이었는데, 자기 일처럼 그렇게 도와줘 시험에 응시할 수 있었다.

수백 명의 응시생들이 조병창에 모였고, 나름 준비는 했다고는 하나 경쟁률이 워낙 높다고 하니 걱정이 되기도 했다. 필기시험이 끝나고 구두시험을 보는데, 시험관인 육군대위가 아마도 내가 이북에서 왔다고 해서 그런지 몰라도 "공산주의를 어떻게 생각하나?"하고 질문하였다. 나는 '만민(萬民)이 평등하다'는 공산주의 이론은 좋으나, 실제 시행은 그렇지 못하여 많은 모순이 존재한다고 답변하였다. 기타 사항은 특별한 게 없이 무난히 끝냈다고 생각되었다. 약 2주 정도 지나서 합격통지를 받았다. 그때가 1953년 4월이었다. 합격 후 나에게 도움을 주신 양씨 어른과 명숙 양, 솥 공장 사장님, 철연의 미스김 등 주위 모든 분들에게 고맙다는 인사를 드렸다.

이제 모든 준비를 마치고 입교 날을 기다렸다. 그렇게 학수고대하던 입소식이 열렸다. 총 300여 명이 응시하여 38명이 합격되었다고 했다. 입학생 모두 서로 인사하며 앞으로의 결의를 다지기도 하였다. 그날 파악해보니 이북 출신은 나를 비롯하여 고승록, 김귀순, 이용원, 김명복, 최규흘, 이문보, 백운수 등 8명이었다.

기술원양성소 조직은 전빈(全斌) 교장님과 황 서무선생, 김 준위, 한 상사 등이었다. 당시 조병창은 군 조직이 장악하고 있어 조병창장을 비롯한 고위직은 전부 군인들이었다. 그러나 교수직은 모두 대학교 교수들이었다. 당시 모든 전국의 대학교가 부산에 내려와 있어서 우리 양성소 요원들은 좋은 교수들로부터 충분한 교육을 받을 수 있었다. 교육과목은 수리중심으로 이루어졌으나, 전빈 소장님의 인격도야 의도도 있어 영어, 문학 등 인문교육도 함께 이루어졌다. 특히 유기 및 무기화학, 금속조직학 등 상당히 깊이 있는 분야까지 배울 수 있었다.

마이 홈

　기술원양성소에 다니게 되면서 나에게 닥친 변화라고 하면, 매일 통근차를 타고 아침에 출근하고, 저녁에 퇴근한다는 것이다. 그러나 그보다 더 큰 변화가 생겼다. 드디어 나의 집이 생긴 것이다. 선박 밑창, 수용소 양씨 어른의 방, 솥 공장 판잣집 골방을 전전하던 내게 드디어 내 문패가 달린 나의 집이 생긴 것이다. 비록 그동안 지내던 어느 집보다도 좁고, 낮은 판자와 종이박스로 얼기설기 덧대어진 보잘것없는 집이었지만, 청학동 바다와 부산 항구가 내려다보이는 낮은 언덕 위의 집을 단돈 5만원에 샀다. 그 5만원은 공장 퇴직금의 일부였다. 그 집을 산 이유는 근처에 조병창 통근 차량 정류장이 있었기 때문이다. 그 집이 바로 남한에서의 나의 소유 부동산 제1호가 되었다.
　첫날밤 자려고 불을 끄자 부스럭대며 무엇인가 움직이는 작은 기척이 느껴졌다. 얼른 불을 다시 켜보니 다름 아닌 빈

대였다. 빈대는 나에게 돌진해 왔다. 그날 밤은 불을 끄지 않은 채 보냈다. 다음날 국제시장에 가서 수류탄같이 생긴 살충제를 사서 방 한가운데 켜놓고 집 문틈 등을 잘 막고 밖에서 지냈다. 그리고 저녁때 문을 열고 들어가 보니, 살충제 근방 10cm 정도 원을 제외하고 방바닥은 죽은 빈대로 가득 덮여져 있었다.

그러나 내가 조병창에 들어간 후 집을 구입하기 전까지 상당기간을 고향 후배 양홍석 씨의 신세를 졌다. 정말 선한 사람의 표본이라 할 만큼 착한 후배였다. 솥 공장을 퇴직했으니 내가 살던 조그만 판잣집을 나와야 했고, 다시 피난민수용소에 들어갈 수도 없는 난처한 입장이 되었을 때, 청학동 근처에 살고 있던 후배 양 군이 받아주어서 과도기 때 어려움을 면할 수 있었다. 그는 당시 미군부대에 다니고 있었고 영어도 아주 잘해 미군들로부터 상당한 신임을 받고 있던 처지여서 나를 선뜻 받아줄 수 있었던 것으로 생각된다. 지금도 나는 양 군에 대한 고마움을 잊지 않고 있다.

대한민국에서 내 집이 생겼다는 희열에 들떠 하루하루를

기쁘게 보냈다. 그러나 행복은 잠깐, 어떻게 알았는지 친구들이 하나둘 모여들기 시작했다. 그때는 모두가 어려운 때라, 찾아온 친구를 등 떠밀어 보낼 수는 없었다. 교육생 신분이었던 나는 공부도 해야 하는 처지였지만, 친구들이 찾아오면 어쩔 수 없이 섞여 지내야 했다. 마침 구룡포에서 살던 최덕선 군이 찾아와 자기가 식모를 자처하며 살림을 책임지겠다고 해서, 나는 공부는 할 수 있겠구나 싶었다.

지금 아무리 생각해도 그때 내가 받은 보수가 생각나지 않는다. 아무튼 내가 집주인이다 보니 우선 쌀은 있어야 했다. 그래서 쌀 한 말을 사놓으면 4~5일이면 없어지는데, 어쩐 일인지 쌀 박스에는 늘 쌀이 남아 있었다. 찾아오는 친구들이 쌀을 사들고 오기 때문인 것 같았다. 최덕선 군이 조절을 잘 하는 것 같았다. 그때 나의 집은 '천사의 집'이 된 것이다. 그런데 주방장 최 군이 할 수 있는 요리는 오직 하나 베이컨 두부 된장찌개뿐이었다. 그래도 그 찌개의 맛은 천하일품이었다. 부식이 없을 때는 밥에 마가린을 넣고 간장 한 숟가락 넣어 비벼 먹었다. 그래도 꿀맛이었다.

대한민국 장교의 길

　1953년 7월 27일 휴전협정이 이루어짐에 따라 상급기관인 조병창에 따라 기술원 양성소도 환도(還都) 사업에 참여하게 되었다. 양성소 요원들은 1953년 11월경에 서울로 환도하였으나, 합당한 시설이 정해지지 않아 우선 용산구 남영동 지질연구소에 상당 기간을 머물다가, 영등포구 노량진으로 옮겼고, 그 후 영등포구 양남동, 다음에 인천 논현읍 고잔동 쪽, 현재 한국화약 자리에 머물게 되었다. 조병창 조직으로는 마지막이었고, 조병창 모든 기관들은 국방과학연구소(KDD)로 통합되었다.

　그러던 중 이승만 대통령이 선포한 국민개병제(1948년)로 인해 나 자신도 입대영장을 받게 되었다. 나에게는 인민군, 방위군에 이어 세 번째 입대영장이다. 나는 무척 고민하였다. 병사로 가서 단기근무로 마칠 것인가, 아니면 장교로서 군복무를 마칠 것인가가 큰 고민이었다. 그래서 입대 영장을 받은 후 곰곰이 생각해보니, 나는 사고무친 신세인 데다, 병사로 가서 제대해도 갈 곳도 없고, 추후 무슨 일을 해야 할지도 망막했다. 그래서 병무청에 가서 문의해 보니 병사는 3년, 장교도 3~4년 후에는 제대할 수 있다는 답을 받고 장교시험을 보기로 했다. 마침 그때 서울지역 육군장교 모집시험이 있으니 응시해 보라고 했다.

병무청 직원은 국민개병제로 인해 많은 대학생들이 병역을 마쳐야 했기 때문에 대학생들의 장교 지원이 많을 것이라고 했다. 아무튼 병무청에서 말하기를 장교시험에 지원하면 병 소집영장은 장교시험 합격여부가 결정될 때까지 유보될 수 있다고 하여 장교시험 지원서를 제출하고 병무청을 나왔다.

며칠 후 시험 일정이 잡힌 안내장이 도착했고, 시험 당일 시험장인 아현동의 경기공고에 갔더니 운동장이 가득 찰 정도의 대학생 지원자들이 몰려와 있었다. 아무튼 시험이 몇 교시 진행되고 점심때가 지나서 종료되었다. 며칠 후 병무청에서 오라는 통보가 와서 가보니 내가 합격했다고 하면서, 서울지역에서 단 5명만이 합격되었다고 하였다. 그런데 어떻게 단 5명만 뽑는 군대가 어디 있냐고 하였더니, 전국에서 선발되기 때문에 많은 사람들이 될 것이라고 하였다. 그렇게 나는 군인 장교 후보생이 되었다.

4. 자랑스런 대한민국 장교

임관

나는 장교후보생 교육을 마치고 1957년 8월 3일 육군 포병 소위로 임관하였다. 제2훈련소와 보병학교, 그리고 포병학교에서 교육을 받는 동안 육체적으로 뿐만 아니라 정신적인 인내를 요구하는 강한 훈련을 거쳤다. 그때 나와 같이 임관한 장교는 60명이었다. 나는 수도사단으로 발령을 받았고, 보직은 수도사단 포병 61대대 관측장교였다.

하루는 대대에서 호출이 있어 갔더니 부대대장인 조천택 소령이 나에게 새로 전입해 온 30여 명의 신병에 대한 제식훈련을 담당하라는 첫 임무를 주는 것이었다. 나는 즉시 대대 연병장에 신병들을 집결시키고 복장 등을 점검한 후 제식훈련을 시작하였다. 제식훈련의 요체는 병사들의 보폭에 예령(豫令)과 동령(動令)을 맞추는 것이다. 그것만 잘 맞추어주면 대열의 흐트러짐이 없이 일사불란한 대오가 갖추어진다.

  첫 신병 훈련을 성공적으로 마치자 부대대장이 칭찬해 주면서, 그 후 몇 번 더 신병 교육을 담당하라고 하였다. 그것이 인연이 되어 얼마 후에 조 소령이 수도사단 포병 작전장교로 복직되면서 나를 작전보좌관으로 임명하였다. 통상 대위가 보직되는 사단 포병 작전보좌관 자리에 당시 중위였던 내가 임명된 것은 아주 이례적인 일이었다.

  당시 조 소령은 미 포병학교 교육을 마친 엘리트였다. 나는 포병전술의 모든 것을 조 소령으로부터 배웠고, 내가 군 생활을 하는 동안 가장 존경했던 상사 중의 한 분이다. 조 선배는 그 후 육군대학 대부대 교관을 거쳐, 제1야전군사령부 작전참모로서, 당시 한신(韓信) 장군께서 자기가 차던 시계를 벗어 줄 정도로 신망을 받던 분이었다. 그러나 포병장교에게는 흔한 청각 손상을 입었고, 그리하여 장군 진급은 이루지 못하였고, 지금은 고인이 되었다.

진급

 소위 임관 후 중위까지는 거의 자동적으로 진급이 된다. 그래서 임관 만 2년만인 1959년 9월 1일에 나는 중위로 진급하였다. 그러나 그 다음부터가 문제였다. 6·25 전쟁 때 급증한 수많은 초급 장교들이, 종전(終戰)이 되자 급작스럽게 진급 정체가 시작된 것이다. 6~7년 동안 진급하지 못한 중위가 허다했다. 따라서 임관 2~3년밖에 되지 않은 우리는 대위 진급은 아예 꿈도 꾸지 못하고 있을 때였다.
 하루는 먼 곳에서 근무하던 동기생이 전화하더니, "이영우, 너 진급됐어."하는 것이었다. 그래서 내가 "웃기지마. 7, 8년 된 선배들도 많은데 어떻게 우리가 되냐?"하면서 전화를 끊었다. 그런데 며칠 지나서 부대 부관이 나의 진급 소식을 알려주는 게 아닌가. 그러니까 중위로 진급한 지 5년이 지난 1964년 9월이었다. 5년 만에 진급했음에도 나의 진급은 부대 내에서 화제였다. 그렇게 진급 정체가 극심했던 때였다. 그때 진급한 동기생은 60명 중 3명이었다.

  그 이후로는 비교적 진급이 순탄하여 미 포병학교 재학 중이던 1969년 3월 1일에 소령으로 진급하였으며, 중령으로는 포병학교 교무처장으로 근무 중이던 1973년 7월 1일에 진급되었다. 대령 진급은 전방 5군단 포병 833대대 대대장을 마친 후, 합동참모본부 연합과 미주 및 일본지역 주무 장교로 근무 중이던 1978년 4월 1일에 진급되어, 합참 심리전과장직을 맡게 되었다.

  대령 진급 때에는 우여곡절이 있었다. 보통 다음 해 진급 대상인 사람은 금년에 보직 이동을 하는 것이 진급에 매우 불리했다. 그것은 떠나는 부대의 부대장 추천을 받을 수가 없게 되고, 전입 받는 부대에서도 근무 경력이 없는 사람을 추천할 수가 없게 되어 그 본인은 중앙심사를 받게 되기 때문이다. 중앙심사란 심사관들이 그 본인에 대해 객관적 입장에서 진급 여부를 판단하게 된다. 부대장 추천을 받게 되는 사람이 고급장교인 경우 그 추천 지휘관은 사단장이나 군단장이 되는데, 이러한 추천을 받은 진급 대상자가 워낙 많아 그 경쟁이 엄청 심할 수밖에 없다. 그래서 중앙심사로 올라온 사람들은 보통의 경우 심사관들의 관심을 끌지 못한다. 하지만 나는 무슨 일인지 중앙심사에서 선발되어 대령으로 진급이 된 것이다.

그러자 합참 안에서 야단이 났다. 합참에서 몇 년 동안 열심히 한 사람은 안 되고, 새로 온 지 일 년도 안 된 사람이 진급되었다니, 어떤 사람인지 한번 보자고 많은 합참 과장들이 나의 근무처인 연합과를 찾아오기도 하였다. 사실 나는 진급심사 이전까지 '금년은 틀렸고 한 일 년 열심히 일한 다음에 내년쯤에나 한번 기대해 보자'고 생각하고 있었던 터였다. 아무튼 나는 대령으로 진급하였고, 즉시 합참 심리전과장으로 전보 받았다.

하루는 3군단에서 포병대대장으로 함께 근무했던 최 대령이 대대장을 마친 후 육군 녹색사업단으로 보직을 받고 나서 나의 진급 소식을 듣고 축하 인사차 찾아왔다. 3군단에서 헤어지고 처음 만나는 지라 반갑게 차를 한잔 하고 헤어졌다. 그때 최 대령이 자기 사무실이 가까우니 한번 들르라고 하였다. 얼마 지나서 한가한 시간이 생겨 최 대령 사무실로 찾아 갔더니, 온 김에 단장님께 인사드리자고 하면서 단장실로 인도하기에 따라 들어갔다. "이영우 대령입니다." 인사하니, "아, 자네구먼, 이영우 대령". 하면서 이야기를 계속하였다. 내용은 그 단장이 이번 진급심사에 심사관으로 들어갔는데, 우연히 중앙심사 카드를 보던 중 내 카드를 보게 되었고, 즉시 심사원 전원에게 돌린 다음 "아무리 임자(추천자) 없는 중앙심사라 할지라도 이런 사람은 진급되어야 되지 않겠는가?"하였더니, 모두가 보고 찬성을 하여 내가 진급될 수 있었다는 것이었다. 그때서야 비로소 어떤 해프닝으로 내가 진급되었는지를 알게 되었다. 그분은 육군사관학교 출신이라 일반장교 출신인 내가 상사로 모신 일도 없고 만난 적도 없는 분인데, 어떻게 그런 불편부당(不偏不黨)하고 합리적인 결정을 하였을까 생각하며 일종의 경외감을 느끼기도 하였다.

파월(派越)

　나의 파월 기간은 약 14개월 정도다. 우리 수송선이 부산 부두에서 출발한 것이 1968년 1월 27일이어서 베트콩의 '구정(舊正) 공세'가 시작된 때였다. 수송선이 나트랑 항에 도착하였으나 공세가 심해 상륙할 수가 없어 보통 1주일 걸리는 승선 기간이 2주를 넘기게 되었다. 하루는 함장의 명으로 전 장교를 함선 갑판에 집결시키더니, 베트콩의 공세가 격렬하여 상륙을 계속 연기해 왔으나, 모든 군량이 소진되어 더 지체할 수 없는 상태이기 때문에 부득이 내일 상륙을 감행할 수밖에 없는 상황이라고 하였다. 그때가 승선 후 2주가 된 때였다. 다음날 나트랑 항에서의 상륙작전이 공지작전(空地作戰)하에서 강행되었다.

　곳곳에 무참히 파괴된 교량과 시설들의 참담한 모습이 눈에 띄었고, 완전무장한 엄호부대의 모습에서 사태의 심각성을 인지할 수 있었다. 상륙작전은 특별한 사고 없이 전원 무사히 상륙에 성공하였다. 그 후 들리는 소식에는 고국에 있는 한 군인가족이 베트콩의 이번 구정 공세 소식에 충격을 받아 쓰러져 회복 못하고 사망하였다는 소식도 들렸다. 베트콩도 구정 대공세를 마친 터라 소강상태를 유지하느라 그런지 비교적 안정된 분위기가 시작되었다. 나는 백마부대에 도착한 후 포병사령부 대박격포 장교로 보직되었다.

　월남전에서 베트콩들이 쓰는 무기 가운데 사거리가 비교적 길고 운용이 간편한 무기가 바로 박격포다. 따라서 그들의 박격포의 위치를 파악해 두는 것이 차후 작전을 위해 매우 중요하다. 우리에게는 대포병 레이더가 있어서 적의 박격포 위치를 정확히 식별할 수 있다. 대박격포 장교는 적의 박격포 위치를 정확히 파악하여 대포병 사격으로 적의 박격포를 제압하는 것이 주 임무다. 적들은 평탄하고 좋은 자기 주둔지에서는 사격을 할 수 없다. 왜냐하면 자기들의 진지 위치를 노출시킬 수 있기 때문이다. 따라서 적들은 자신들의 전지를 떠나 우리 주둔지 가까이로 이동하여 박격포 사격을 하게 된다.

　그러나 험한 산악지대에서 비교적 평탄한 박격포 진지를 선정하는 것이 그리 쉽지는 않다. 따라서 평소에 그들 박격포 전지를 파악해 두면, 유사 시 긴급한 대포병 사격의 목표로 사용할 수 있어 매우 유용하다. 다시 말하면 급작스러운 적의 박격포 사격을 우리 군이 당했다면 일단 평소 파악해둔 적의 박격포 진지를 사격하는 것이다. 추후 대박격포 레이더에서 적의 현재의 위치가 확인되면, 그 제원을 확인 사격하면 된다. 나는 내가 근무하는 동안의 모든 적의 박격포 진지를 파악하고, 사격시간, 사격량 등을 파악하여 도표를 만들어두면, 추후 대박격포 작전에 큰 도움이 됨을 알게 되었다. 그러한 내용을 주월사령부 작전회의 때 발표하게 되었다. 나는 그 회의에 참가하지 않아서 어떤 반응이었었는지 모른다. 그때 그 발표는 작전참모(S-3)가 하였다.

• 백마 6호 작전

'백마 6호 작전'은 1단계와 2단계로 구분된다. 1단계는 혼바산 및 카오계곡에서, 2단계는 혼쥬산 일대에서 이루어진 작전으로, 1968년 5월 5일에 시작하여 6월 7일 간에 이루어졌다. 당시 나는 포병사령부 대박격포 장교였다. 작전이 진행되는 동안 대박격포 장교는 매우 바쁜 일과를 보낸다.

베트콩의 중화기는 박격포가 전부였기 때문이다.

한창 분주하게 일하고 있는데 포병사령관이 "저 위 망루에 있던 관측장교 어디 갔어!" 고함을 치며 들어오더니, 다짜고짜 나에게 다가와 내 정강이를 군화발로 걷어차는 것이었다. 나는 불시에 당한 충격에 넘어질 뻔하였으나 가까스로 균형을 유지하였다. 나는 어리둥절하여 그저 멍하니 서 있었다.

'망루의 관측 장교는 내 관리 소관이 아니다. 사령관은 대령이고, 나는 대위로 비록 직급 차는 있지만, 열심히 작전에 몰두하고 있는 사람을 어떻게 이렇게 구타할 수 있는가' 하는 울분이 가슴 속에서 치밀어 올랐다. 나는 결국 '이제 군대 생활은 여기서 끝내야겠다.'고 결심하고는, 모든 것을 현장에 던져 버리고 나의 숙소 벙커로 가서 드러누웠다. 한창 전쟁 중에, 적의 박격포를 분석하여 타격해야 하는 대박격포 장교가 누워 버렸으니 난리가 날 수밖에.

당시 포병사령관의 전속부관이었던 이 중위가 달려와서 "작전 중에 이렇게 전장 이탈을 하면 되겠습니까. 빨리 나와 정위치하세요." 하면서 간청하였지만, 나는 요지부동이었다. 나는 말했다. "집에서는 애들이 아버지를 최고로 귀하게 여기는데, 정작 그 아버지는 이렇게 밖에 나와 맞고 다녀서야 되겠는가. 사령관님께 보고하여 귀국시켜 주기 원한다고 말해줘."라고 소리 질렀다. 중간에서 난처해진 건 전속부관이 중위였다.

그렇게 버틴 지 이틀이 지났다. 전쟁 중 전장 이탈은 총살형을 당할 수도 있다. 그러나 나는 꿋꿋하게 버텼다. 이 중위가 와서 하는 말이 "사령관께서 보자고 하시며, 원하는 바도 들어줄 수 있다고 하셨다."고 하기에, 저녁 때 옷을 단정히 하고 사령관 텐트로 찾아갔다. 그랬더니 사령관이 "열심히 하고 있는 이 대위가 미워서 그랬겠나. 화가 나서 내려와 보니 이 대위만 눈에 들어와서 그렇게 되었네. 노여움 풀고 앉게." 하였다. 그 때까지도 나는 앉지 않고 계속 서서 버티고 있었다. 나는 이틀간 아무 것도 먹은 게 없었다. 그러나 사령관의 위로의 말에 그토록 참고 버텼던 긴장이 일순간에 풀리며 눈물이 두 볼을 타고 흘러내렸다. 그렇게 사태는 수습되었고, 백마 1단계 작전도 끝이 났다.

• 백마 6호 2단계 작전

　2단계 작전은 1단계 작전 후 얼마 지나지 않아 시작되었다. 1단계 작전 때는 대박격포 장교였지만, 2단계 작전에는 51포병대대 A포대장으로 작전에 참가하게 되었다. 나는 1단계 때의 경험을 살려서 적이 야간에 주로 실시하는 요란사격에, 대박격포 장교 시절 획득한 정보자료를 중심으로 사격을 실시하였다. 사격 결과는 확실히는 알 수 없었지만, 아마도 베트콩들이 기습사격을 계획했다면 퍽이나 당황했을 것이다. 요란사격(擾亂射擊)이란 한밤중에 주로 실시하며, 적의 휴식 방해와 이동 제한 및 사기 저하를 목적으로 시행하는 포사격이다.

　작전 중에 하루는 베트콩의 시신 주머니에서 한국 장교 신분증이 발견되었다는 작전보고가 있어 연대로 달려갔다. 분명 한국군 장교신분증이었는데, 좀 더 자세히 살펴보니 동기생인 장창열 군의 신분증이었다. 내 기억으로 장창열 대위는 월남전 초기 맹호부대에 배속되어 포대장 직을 받고 작전 중일 때, 군 수송부대가 꾸멍고개에서 베트콩의 습격을 받아

많은 희생과 물자 손실을 입었는데, 꾸멍고개 근처에 포진해 있던 포병부대에 지원을 요청하지 않았나 생각된다. 그러면 일단 피격 지역에 포사격을 하여 적을 교란시킨 후 출병했어야 했는데, 병사들로만 공격 부대를 편성해 지원 나가던 중 매복하고 있던 베트콩에 의해 장 포대장을 포함하여 많은 병사들이 희생되었다. 따라서 베트콩 내 한국군 장교 포함설은 사실이 아닌 것으로 판명이 났다.

나는 그 신분증을 장 동기생 가족에게 보내 '우리가 그의 원수를 갚았다'는 소식을 알려주고 싶으니 줄 수 없겠는지 물었다. 그랬더니 전장에서의 노획물은 역사의 사료로 남기는 것이어서 줄 수가 없다고 하였다. 그러한 사실을 가족에게 알리기는 했는데, 어떤 방법으로 알렸는지 지금은 기억나지 않는다. 지금도 그 신분증을 보낼 수 있었으면 얼마나 좋았을까 하는 생각이 든다.

또한 나는 박쥐 17호 작전에도 참여했다. 51대대 A포대가 직접지원부대로 화력 지원을 했던 작전이다. 박쥐부대는 백마사단 29연대이다. 우리 포병 부대도 정규 작전 외에 야간 매복 작전을 한다. 그것은 주둔 부대에 대한 방어 목적 외에 베트콩이 민간에 접근하여 필요한 보급품을 획득하려고 하는 그들의 의지를 차단하는 목적도 있다. 그래서 매복조는 부비트랩이나 조명탄, 산탄살상장비(크레모어) 등 여러 가지 조기 경보나 살상 장비 등을 설치하고 그들의 접근에 대비한다.

매복은 어려운 직전이지만 성과를 얻는 경우가 적지 않다. 매복에 걸리는 베트콩은 가까운 마을 출신이 많기 때문에 시신을 마을 입구에 거적때기로 덮어 놓게 된다. 그러면 마을사람들이 오가면서 거적때기를 들쳐본다. 그런데 그 모습이 너무나도 담담한 데 놀랐다. 꼭 시장에서 사고 싶은 물건을 고르듯, 거적때기를 들어보고는 다시 덮는 모습이 너무도 담담하기만 하였다. 아마도 오랜 동안의 전란으로 인해 수많은 시신을 대하고 다뤄봄으로써, 사람의 심성이 무뎌져 버린 게 아닐까 생각되기도 해서 섬뜩한 전율을 느끼기도 했다.

월남전에 참가해 내가 포대장으로서 가장 자랑스럽게 여

기는 일은, 포대장을 하면서 단 한 명의 전사자나 사고사 없이 모두를 무사히 가족의 품으로 돌려보낼 수 있었다는 것이다.

포대장으로 부임하여 얼마 되지 않았을 때의 일이다. 야간에 지원사격 요청이 있어 전 포대원이 사격을 하고 있을 때 내무반 내부를 둘러보았다. 그런데 고참병 몇 명이 내무반에서 바둑을 두고 있는 게 아닌가. 나는 너무나 놀랐다. 이래가지고서는 내가 맡은 전원을 부모 곁으로 못 돌려보내겠구나 하는 생각이 들었다. 전투 중에 전투를 전투로 생각지 않는 것은 정신이 해이해진 탓이다.

나는 그날 저녁부터 전원 내무검사를 실시하였다. 몽둥이는 야전침대 받침대였다. 예외는 한 사람도 없었다. 모두가 그 몽둥이로 맞아야 했다. 일주일 되는 날, 나는 포대원 전원을 한 포대 내무반에 집결시켰다. 그리고 내 손바닥을 펴 보였다. 벌겋게 까져 피가 흐르는 손바닥을.

"나도 너희들과 같은 동생, 조카들이 있다. 내가 너희들이 미워서겠는가? 이 살벌한 전쟁터에서 우리가 정신을 차리지 않으면 죽을 수밖에 없다. 나는 너희들을 한 사람도 빠짐

없이 부모님들께 돌려 보내주어야 한다. 그것이 내 책임이기 때문이다."

그러자 그 내무반 전체가 울음바다가 되었다. 나도 울었다. 그날 이후 내가 포대장을 마치는 동안 한 사람의 희생자도 없이 무사히 전원 귀향시킬 수 있어 참으로 기뻤다.

나는 월남에서 성공적으로 작전을 수행하고 1969년 3월 23일 귀국하였다.

미 포병학교 고등군사반

나는 월남에서 돌아온 이후 소령으로 진급하여 육군본부 G3 전쟁기획장교 직위를 맡아 전쟁기획과장 라 대령의 소속에서 일하였다. 전쟁기획이라는 특별기관이 생기면서 매일 밤 12시가 넘어서야 집으로 가게 되었다. 그 당시 통금이 있던 때라 육군본부 특별차량으로 퇴근하곤 했다. 너무나 힘들어 어떻게 해방될 수 있는 방법이 없을까 궁리 끝에 선배

중령과 상의해 보았다. 그랬더니 외국 유학시험을 치러 합격하면 된다는 것이다. 만약 유학을 못 가게 하거나 말리면 당사자의 앞길을 막아버리는 결과가 될 수도 있기 때문에, 대부분의 경우 유학은 보내준다는 것이다.

그래서 그때부터 그 바쁜 가운데에서도 시간을 쪼개 공부를 시작하였다. 그러던 중 육본 발표를 보니 내가 갈 수 있는 두 가지 시험이 있었다. 하나는 미 육군 포병학교 고등군사반 시험이고, 하나는 아르헨티나육군대학교 교환장교 시험이었다. 나는 두 가지 시험을 다 보았다. 두 시험이 시간차가 있어서 가능했다. 얼마 후 결과가 발표되었는데 나는 두 곳에 다 합격하였다. 하루는 육본 G-3 나의 사무실에서 일하고 있는데 인사처 장교 한 사람이 찾아와 나를 보자고 한다 하여 그를 따라 갔더니, 육군 준장이 한 소령 장교와 함께 있었다. 그 준장이 나와 그 소령을 데리고 다른 방으로 갔고, 그 방에 소장 한 분이 있었다. 아마도 인사참모부장인 것 같았다. 그 자리에서 소장이 나에게 "자네는 포병이니 미포병학교로 가는 게 맞지 않겠는가" 하는 것이었다. 다른 소령에게는 육사 출신이니 아르헨티나 육군대학 교환학생으로 보내는 게 좋겠다고 아주 조심스럽게 이야기하는 것이었다. 사실 나는 아르헨티나 육군대학은 별로 관심이 없었다. 나는 결국 미포병학교로 가게 되었고, 그 힘들었던 전쟁기획과에서 벗어날 수 있게 되었다.

나는 육사 15기 김용금 소령과 함께 김포공항에서 출발하여 미국 시애틀을 경유하여 1970년 10월 30일 미포병학교에 도착하였다. 우선 아파트에 주거지 배정을 받았다. 우리가 도착한 곳은 미국 오클라호마 주에 있는 인구 8만 정도의 포병을 중심으로 이루어진 학교 도시인 로튼(Lawton)시였다. 미포병학교는 International Artillery Center였다. 기지 명칭은 포트실(Fort Sill)이었고, 공부는 주로 스노우홀(Snow Hall)이라 불리는 인공 조명으로만 밝혀지는 흰색으로 된 사각형의 거대한 건물이었다. 거기에서 조그마한 숲을 지나면 하이라이스(High Rise) 빌딩이라 불리는 장교 숙소가 있다. 학생들은 매일 그 숲을 지나 스노우홀로 등교하였다.

처음 도착해서 놀랐던 일이 한 가지 있다. 도착한 다음날 전화 신청을 하라고 해서 나는 한국에서의 기준으로 생각하여, 한국이 당시 백색전화(개인용) 개통에 1년 정도 걸리니, 그래도 미국은 선진국이니 1개월 정도면 되지 않겠나 생각하였다. 그런데 아침에 신청하고 오후에 숙소에 돌아오니 책상에 떡 하니 새 전화기가 놓여 있기에 얼마나 놀랐는지. 하도 빠르기에 친구에게 물었더니 당연하다는 듯이, 인구 8만의 로튼 시가 100만 명까지 수용할 수 있는 전선들이 깔려 있기에 그냥 연결만 하는 것이어서 빠를 수밖에 없다고 하였다. 미국은 모든 것이 장기계획하에 시작되는구나 싶었고, 우리나라도 빨리 그런 나라가 되어야지 생각했었는데, 지금 우리나라도 그렇게 되었다. 얼마 정도 시간이 지나서야 그렇게 되었는지 생각해볼 일이다.

학과가 시작되었다. 그런데 본과에 들어가기 전 3개월을 '일렉티브(elective) 코스'라 하여 학생이 과목을 선택해서 교육 받을 수 있는 코스가 있는데, 거기에는 다양한 과목들이 있었다. 용접, 배관 등 제대 후를 위한 것들이 많았다. 그런데 과목 중에 컴퓨터가 있어서 나는 컴퓨터 교육을 선택했다. 내 자신 컴퓨터의 개념도 잘 몰랐던 때다. 선택 과목을 제출한 다음날 교관이 찾아 왔다. 그가 하는 말이, 여태까지 미군 장교가 아닌 연합군 장교로서 컴퓨터 과정을 선택한 사람이 없다가 내가 처음으로 선택을 했는데, 혹시 컴퓨터가 무엇인지 잘 몰라서 선택한 게 아닌가 하여 확인하러 왔다고 하였다. 나는 확실한 것은 잘 모르지만 전자적 기기로 신속한 계산이 가능한 기기라는 개념 정도만 알고 있다고 대답했다. 그랬더니 그 교관이 "맞다."며 다음날부터 컴퓨터 프로그램 교실에 오라고 하였다

나 자신 컴퓨터 교육을 꼭 받고 싶었다. 열심히 하리라 각오도 하였다. 열심히 듣고, 모르는 것은 열심히 질문도 했다. 따로 쉬는 시간에는 컴퓨터로 바둑도 둘 수 있게 되었다. 교실은 약 30평정도 되는데, 천정에는 많은 전구가 촘촘히 달려 있었고, 키를 치면 그 전구들이 명멸(明滅)하며 답을 내어 문자판(스크린)에 표시해 주었다.

우리가 배우는 과정은 두 과정이다. 하나는 프로그래밍(Programing) 과정이고, 다음은 시스템 분석(System Analysis) 과정이다. 그런데 프로그램을 확실하게 할 수 있어야 시스템이 제대로 되고 있는지를 분석할 수 있을 것이라

고 생각했다. 그래서 프로그래밍을 주로 하여 공부하였다. 이론적으론 별로 어려운 것이 아니다. 그러나 내가 해보지 않고 처음 대하는 것이라 신기하고 어려웠다. 어떤 주제를 놓고 'go' 한다. 그것이 모든 조건에 맞으면 그대로 다음 단계로 'go' 한다. 그런데 조건에 맞지 않으면 'No go'가 되고, 그러면 피드백(feedback)을 해서 필요한 조건에 맞추어 다시 'go' 하는 식이다. 말은 그저 간단하지만 그 조건들을 어떻게 잘 맞추어 나가느냐 하는 게 관건이다.

아무튼 그렇게 열심히 하였고, 최종 단계에서 시험을 보게 되었다. 나는 그동안 하루도 빠지지 않고 열심히 하였기에 시험에 자신이 있었다. 그리고 최종시험일이 왔고 나는 열심히 답안을 작성하여 제출하였다. 시험은 플로우 차트(Flow chart)를 완성하는 것이었다. 며칠 지나서 한참 수업을 받고 있는데, 컴퓨터 교관이 찾아와 이 대위와 면담할 일이 생겼다며 수업 중인 교관에게 양해를 구한 후 비어있는 옆 교실로 나를 데려갔다. 그러더니 내 시험지의 뒷면을 보여주었다. 보니까 아뿔싸, OX문제가 몇 개 있는 게 아닌가. 나는 뒷면을 확인하지 않았던 것이다. 교관이 답을 쓰라고 했다. 나는 바로 답을 적어냈다. 그때에 교관 왈, '플로우 차트를 완성한 학생이 쉬운 OX 문제를 모를 리 없을 텐데' 생각하여 답안지를 가져왔노라고 하였다. 많은 미군 장교들도 답을 제대로 내지 못했는데, 내가 완전한 플로우 차트를 만들어 매우 놀라워서 시험지를 완결할 수 있게 배려를 한 것이라며 칭찬해 주었다. 내 평생에 시험을 치르고 난 후 재시험을 본 것은 처음이었다. 얼마나 현명한 교관인가?

미 포병학교에서 또 하나 재미있었던 기억은 미군들이 핵무기에 대한 교육을 받을 때가 되면 연합군 장교들에게 단체 관광여행을 보내준 것이었다. 당시 연합군 장교는 약 30명 정도였으며 영국, 호주, 필리핀, 요르단, 수단 등 여러 나라에서 왔다. 특히 수단에서는 대통령의 아들이 왔는데, 항상 통역 및 경호를 위한 보좌관이 수행하고 있었다. 단체여행은 오클라호마 시티, 뉴욕, 텍사스의 식스 플래그스(Six Flags) 등 유명한 관광지여서 정말 좋은 여행을 많이 했다.

미국은 정말 시스템으로 움직이는 나라다워서 모든 지시

는 각자의 우편함을 통해서만 전달되었다. 일 년 동안 포트실에 있으면서 전화로나 구두, 벽보로 지시를 받아본 적은 한 번도 없고, 단 한 가지 루트인 나의 우편함으로만 모든 것이 전달되었으며, 나머지는 모두가 자유방임이었다.

나는 미국에도 문맹자가 있다는 사실을 알고는 무척 놀랐다. 미국은 다민족 국가라 여러 나라 사람들이 모여 살고 있다. 그런데 하루는 장교아파트 출입을 관리하는 상사가 찾아와 한국 여자가 찾아왔는데 무엇을 원하는지 와서 좀 봐줬으면 좋겠다고 했다. BOQ에서 내려가 봤더니 미군과 결혼한 한국 여자였고, 남편은 월남전에 가 있고 시어머니의 편지가 왔는데 자기는 읽을 수가 없으니 편지를 좀 읽어 달라는 것이었다. 편지 내용은 다 기억하지 못하는데, 편지 첫머리에 "I No …"라고 써 있고, 그 다음에 내용들이 있는데 이해가 잘 안 되어 곰곰이 생각해보니 "I Know"를 소리 나는 대로 쓴 것이었다. 미국에도 문맹자가 있다는 것을 처음 알게 되었다. 최선진국인 미국에 문맹자가 있으리라고는 생각도 못했는데, 나는 무척 놀랐다.

나는 한국에서 한국 포병 고등군사반 교육을 마치고 간 터라 별로 힘들지 않게 교육받을 수 있었다. 포병의 가장 중요한 요소는 표적을 정확히 타격하는 능력이다. 즉 말하자면 정확성이다. 그러면 정확성을 높이는 데 어떠한 고려 요소들이 있는지 파악할 필요가 있다. 우선 기상이다. 비가 오거나 거센 바람은 포탄이 날아가는 동안 많은 영향을 미친다. 지구의 자전 속도, 공기의 습도, 온도, 추진 작약의 온도 등을 정확히 측정할 수 있어야 한다. 또한 포의 좌표상의 위치를 정확히 알아야 한다. 그래서 포의 정확한 위치를 측량하여 정하는 측지반이 있고, 기상을 수시 점검하여 데이터를 정하는 기상반이 있다. 또한 포탄이 날아가는 동안 지구의 자전으로 인해 생기는 오차는 일정하다고 보아 상수 요소로 사용하는데, 이것들을 종합적으로 계산하는 계산병이 있으며, 이를 확실하게 점검하는 사격지휘장교가 있다. 내가 도미할 당시만 해도 그러했다. 그런데 미군들은 이것들을 컴퓨터화한 TAC FIRE 시스템을 확립하여 활용하고 있었다. 현재 한국군이 사용하는 시스템이 그것이다. 그러나 미군들은 이미 1970년대에 사용하기 시작하고 있었다. 그러나 미군들은 그때도 수작업 기술을 교육하고 있었다. 그것은 기계는 언제든지 고장 날 수 있다는 전제를 언제나 견지하고 있기 때문이다.

나는 우선 차가 필요하였다. 그래서 나의 미국 파트너 헤이스(Heyes) 대위에게 물었더니, 앞으로 1년만 사용할 건데 새 차를 살 필요가 없고 중고차를 사라고 권하며 자기가 알아보겠노라고 했다. 며칠 후 소개된 중고차는 FALCON이었고, 나이 많은 할머니가 교회와 시장 갈 때만 타던 차라고 했다. 차는 마음에 들었다. 에어컨도 잘 되고 라디오 도 잘 들리는 차였고, 검은색 세단이었다. 나는 차는 구했으나 미국 운전면허가 없어 운전면허부터 따야 했다. 나는 한국에서 훈련 때마다 차를 운전해 본 경험이 있어 면허시험은 문제가 없을 것이라 생각했다. 시험에 대비하여 그동안 파트너의 차를 이용해 패라렐 파킹도 연습했고, 여러 가지 규칙도 배웠다.

나는 자신만만하게 시험에 응했다. 시험은 순탄하게 잘 진행되었다. 그런데 한참 차가 가는데 옆에 탄 시험관이 차를 급히 세우라고 하는 게 아닌가. 나는 명령대로 급정거하고 주위를 살폈더니 바로 옆에 빨간색 큰 소화전이 있었다. 시험관은 소화전 옆에 정차를 했기 때문에 불합격이라고 하였다. 나는 매뉴얼에는 소화전이 있는 곳에 차를 세우면 안 된다고는 되어있지만, 시험관이 세우라고 해도 세워서는 안 된다고는 기술되어 있지 않다고 항의했으나 받아들여지지 않았다. 그 다음 주에 치른 2차 주행시험은 무난히 합격하였다. 신체검사에서 눈의 종심을 보는 시험은 두 눈에 비치는 각각의 횡선을 맞추는 것이어서 문제없이 통과되어 2차에 최종 합격하였다. 그런데 그 시험 경찰관이 싸인하여 합격증을 주길래 언제 진짜 합격증을 다시 주느냐고 하였더니, 그 시험관이 말하기를, "대통령이라도 내 싸인으로 합격증을 받으니 아무 염려 말고 운전해도 된다"고 했다. 과연 시스템의 나라답구나 생각했다

그 다음부터 나는 내 차로 종횡무진으로 달렸다. 과속하였다고 경찰차가 달려오면 "No English. Fort Sill" 하면 봐준다. 영어 못하는 외국 장교라는 의미로, 그것이 아주 잘 통했다. 그런데 포트실에는 부인회가 많았는데 한국 여자 부인회

장이 많았다. 무슨 큰 모임이 있으면 여자들이 둘러선 가운데서 손을 휘두르며 떠드는 사람 대부분이 한국여자여서 놀랐다. 물론 병사들과 결혼한 한국여자들도 많지만, 제대로 된 교육을 받고 장교들과 결혼한 한국여자들이 주장이 강하고 리더십이 강하며 언어소통이 잘되기 때문인 것 같기도 했다.

한 번은 학교 연합과에서 와 달라고 해서 가보니 한국여자 한 사람이 있었다. 학교 측 이야기는 무슨 사건에 관여되어 진술서를 써야하는데 쓸 수가 없어 한국장교에게 도움을 요청한다고 하였다. 법적분쟁 같은데 도저히 내용을 알 수 없다고 하여, 그 여성에게 어디 소속이냐고 물었더니 술집인데 '오야노'라고 하였다. 그런데 오야노라는 술집 이름이 없다는 것이다. 결국 나중에 알았지만 Oriental을 오야노라고 들었던 것이다. 모두가 그런 식이어서 몇 번 그런 류의 봉사를 하느라 애먹은 적이 있었다.

전에 학생 숙소 이야기를 할 때 그리 넓지 않은 숲을 지나 교실로 간다고 기술한 적이 있다. 한창 봄이 무르익을 때 그 숲을 지나는데 더덕 향이 진하게 나는 것이었다. 그래서 하루 쉬는 주말에 몇 가지 장비를 빌려 더덕을 캐기 시작하였다. 우선 줄기가 옆에 있는 큰 소나무를 칭칭 감으며 뻗어 있었다. 한참을 파니 더덕 머리가 나오는데 내 주먹만 하였고, 더 파 내려가니 팔둑만한 더덕이 나왔다. 족히 십수년은 되었음직해 보였다. 그 장엄한 모습의 더덕을 캐 놓고 신기해서 헤이스 대위의 카메라로 사진도 찍었다. 귀국 때 헤이스가 카메라를 그냥 줄 테니 가져가라고 했으나 나는 필름만 빼고 카메라는 돌려주었다. 그런데 그 필름이 어디 갔는지 지금은 찾을 수가 없어 보여주지 못해 안타깝다. 아마도 지금의 나의 건강이 그때 먹은 더덕과 관련이 있지 않나 싶다.

또 한 가지 깜짝 놀란 일이 있다. 내가 공부하고 있을 때 한 기(期) 빠른 선배 학급이 졸업을 하고 떠났다. 그리고 얼마 있지 않아 주차장 전체를 재포장하니 개인 소유 차량들을 적당한 다른 건물 주차장으로 언제까지 옮겨 달라는 지시가 우편함으로 전달되어 나는 곧 다른 주차장으로 차를 옮겼다. 그런데 지시된 시간이 되었는데도 차를 옮기지 않은 차량이 수십 대 있었다. 그 차들은 모두 졸업하고 떠난 학생들이 소유했던 차량인데, 폐차장 운영 회사에서 견인해 가져가 폐차시킬 것이며, 그 폐차 비용을 차주에게서 받아낼 것이라고 하였다. 졸업한 장교들이 새 차를 사서 집으로 돌아가고, 타던 차들은 그냥 버리고 간 것이라는 것이다. 나는 도저히 믿을 수가 없었다. 그 멀쩡한 차들을 그렇게 버리고 가다니, 당시 한국의 현실과 비교하니 어처구니가 없는 일이었다.

나는 전술한 대로 한국에서 포병 고등군사반(OAC: Officer Advanced Course)을 마치고 간 터라 별로 힘든 것을 몰랐고, 어려움 없이 미 포병 OAC를 마칠 수 있었다. 수료장에도 명시된 것이 없어 확실히 알 수는 없으나, 교관들의 나에 대한 칭찬으로 미루어 보아 좋은 성적을 받았을 것으로 짐작된다.

대북심리전

앞서 기술했듯이, 나는 1978년 4월 1일 대령으로 진급하여 합참 심리전 과장으로 발령받게 되었다. 국가 심리전이라면 전파방송을 포함한 모든 선전매체를 포함해 많은 분야가 있겠으나, 합참 심리전과는 대북 전단을 주로 관장 운영하는 부서이다. 그 대상은 북한군이 주(主)지만 민간인에게도 영향을 줄 수 있는 주제도 있다. 우리가 살포한 전단의 효과는 주로 귀순병을 통해 수집하게 된다. 따라서 귀순병이 월남해 오면 내가 그들을 면담하고, 우리가 발행 살포한 전단의 효과를 실물 전단을 보여주면서 확인하게 된다. 귀순병에게 우리가 최근에 북송한 주요 전단을 보여주자 정말 우리로서는 의외라고 생각되는 전단을 보고 귀순 결심을 하였다고 하였다. 그 전단은 학교 운동회에서 어린이들이 손을 들며 '와!' 하고 외치는 전단을 보고 확실히 남한에는 자유가 있고 행복이 있다는 것을 느꼈다는 것이다. 그런 점을 면밀히 연구해 보니 전단 업무는 역시 복잡하고 어려운 것이었다. 북한 병사들은 우리와 다른 감수성을 갖고 있지 않나 싶었다.

나는 여러 가지 전단들 가운데 카렌다걸들의 사진이 들어간 전단을 만들어 보면 어떨까 싶어서 몇 개 아이템의 카렌다걸을 주제로 한 전단 초안 하나를 다른 초안들과 함께 올려 결재를 구했다. 그것을 본 국장은 북한은 미(美)의 가치가 다르다며, 북한에서는 건장하고 살찐 형이 미인이지, 이렇게 가냘프고 날씬한 여자는 미인 대열에 들지 못한다고 하며 부결을 시켰다. 그래도 내 생각은 변치 않았다. '북한사람이라고 해서 심미관(審美觀)이 다르겠는가. 다 같은 동족인데'라는 생각에 내 주장을 굽히지 않았다. 약 1개월 후에 또다시 올렸는데 또 퇴짜를 맞았다. 그래도 나는 굽히지 않고 다음 달에 세 번째로 또 올렸다. 그랬더니 "너 참 지독하다."면서 허락해 주었다. 그래서 카렌다걸만을 주제로 하여 많은 양의 전단을 북으로 살포하였다.

그 전단이 나간 후 얼마 안 있어 북한 병사 한 명이 귀순해왔다. 그는 전방 진지 작업을 하고 있는 선임하사의 식사 당번이었다. 그는 선임하사의 밥통을 들고 가다가, '내가 밥 한 숟가락 먹는다고 알겠어?' 하면서 한 숟가락 퍼먹었다.

그런데 맛이 있어 또 한 숟가락을 먹었다. 그렇게 하다 밥통이 반 이상 비게 되었고, 도저히 전달할 수 없는 지경에 이르자 그 밥통을 들고 중앙분계선을 넘어 남쪽으로 귀순한 병사였다.

 나는 여느 때처럼 전단첩을 들고 그 병사를 만났다. 그 병사가 하는 말이 카렌다걸 전단 때문에 전방의 전 병사들이 그 전단을 찾으려고 온 산을 휘젓고 다녀서 몇 장씩 주워와 책갈피에도 꽂고 온 데 붙이게 되자 정치보위부에서 나와 개인사물함을 검사하고, 벽에 붙인 것을 전부 수거하는 등 큰 소동이 났다고 했다. '그럼 그렇지. 세상에 싫어할 것이 따로 있지. 카렌다걸을 싫어할 남자는 세상에는 없을 것이다.' 하며 속으로 쾌재를 불렀다. 아마도 그 카렌다걸 전통은 지금도 계속되고 있으리라 믿는다. 나는 그 일이 있은 후 얼마 있지 않아 카투사 단장으로 자리를 옮겼다.

카투사 단장

　심리전 과장으로 한참 열심히 일하고 있는데 하루는 육군 본부 인사참모부장의 호출이 있어 육본에 갔더니, 나의 경력에 대해 자세히 묻고는, 카투사(KATUSA) 단장을 새로 선발하려고 하는데, 그 자리를 어떻게 생각하는지 나에게 물었다. 나는 참 영광스러운 제안이긴 하지만, 현 근무 부서 상사의 의견도 있고, 나 자신도 이제 연대장 보직을 받아야 할 때라서 좀 혼란스럽다고 대답하였다. 부장은 잘 알겠다고 했다.

　며칠 후 카투사 단장으로 명령이 났다. 주위에서는 "누가 당신의 '빽'이냐?"는 등 의구심에 찬 질문이 쏟아졌다. 나는 이북 출신이라 연고 있는 선배도 없고, 돌봐주는 사람도 없다고 하였다. 나중에 알게 된 일이지만, 이번 단장 선발의 기준은 '미군부대 근무경력이 없고, 영어를 할 수 있는 사람'이었다고 했다.

　단장으로 부임하자 처음 찾아온 사람은 지역 부대장들이 아니라, 고참 부사관들이었다. 한 사람은 최고가의 골프 세트를 준다고 하고, 또 다른 사람은 오디오 세트, 또 TV 등 당시 최고의 전자기기들을 부임 선물로 주겠다고 했다. 나는 아직 부대 파악도 못하고 있으니 차츰 안정된 후에 보자고 달래 보냈다.

그 다음은 카투사병 선발에 관한 청탁이었다. 직간접으로 많은 요청이 들어왔다. 그러나 나는 부대 주변을 깨끗하게 할 '청소부'로 왔다는 일념으로 근무에 임했다. 인사참모부장이 나에게 주문한 과제는 장기근속 부사관에 대한 인사조치였고, 내 자신의 목표는 카투사단의 쇄신이었다. 쇄신의 제1과제는 우수한 간부들을 모아야 한다는 것이었다. 그때까지의 인사방침에서는 카투사단에 근무하는 장교에게는 부대의 공식명칭인 '미8군 한국군연락장교단'에서도 알 수 있듯이, 연락장교라는 꼬리표가 붙어, 비록 작전부서에 근무하더라도 작전연락장교가 되어 중요 경력으로 인정받지 못하는 폐단이 있었다.

내가 단장으로 부임하여 첫 번째로 한 일은 인사참모부장이 주문한 장기복무 부사관들에 대한 인사 조치였다. 그때 장기복무 부사관(주로 상사)들은 20년, 15년 근속이 보통이었으며, 어떤 부사관은 거의 30년이 되는 부사관도 있었다. 그들이 온갖 문제의 중심이었고, 또한 그들을 비호하는 막강한 배후가 있었다. 나는 즉시 그들을 전방으로 인사 조치하기로 하였으나, 어떤 일이 일어날지 몰라 2주간의 휴가를 달라고 요청하여 승낙을 받은 다음, 즉시 약 30명 정도가 되는 부사관들의 인사 조치를 단행하였다. 그때 사무실을 지켰던 중령 보좌관은 그 일로 인해 엄청난 스트레스를 받았다고 했다. 그렇게 카투사단의 골칫거리였던 장기근속 부사관 문제는 항의의 격랑 속에서 흔들림 없이 단행되었다.

다음 문제는 나 자신이 꼭 이루고 싶었던 우수한 장교들의 영입이었다. 나는 즉시 우수 장교의 영입을 위한 계획을 세워 부장의 승인을 받기로 하였다. 그 일은 전술한대로 8군 전입 장교에게 붙은 연락장교라는 꼬리표를 떼는 일이었다. 기안을 올렸더니 부장께서도 잘한 일이라고 나의 제안을 받아들여 승인을 해주었다. 그렇게 하여 인사혁신 계획이 발표되자 제1착 지원자는 군고위직 장성의 아들인 육사 출신의 중위였다. 내가 직후에 3사단 포병단장으로 전보되어 자세한 상황은 알지 못했으나, 많은 우수한 육사 출신들이 카투사단에 지원했을 것으로 짐작된다.

포병단장

미8군 카투사 단장을 맡아 큰 과제 두 가지를 잘 마치고 비교적 편안한 기간을 보내고 있는데, 하루는 9사단 참모장이 전화를 걸어와 사단장이 나를 보자고 한다고 하였다. 무슨 일이냐고 했더니 그냥 한 번 보자고 했다고 하였다. 9사단장은 유명한 분이라서 내가 혹시 결례되는 일을 저지른 적이 있는지 아무리 생각해 봐도 9사단장과 연계된 일을 한 기억은 없었지만 자못 걱정은 되었다.

사단장이 보자고 했다니 우선 가 봐야겠다 싶어 우선 참모장을 찾았다. 그리고 참모장 안내로 사단장실에서 사단장을 대면하였다. 그랬더니 사당장이 대뜸 "나하고 같이 일 해 보면 어떻겠소?" 하는 것이었다. 나는 "사단장님을 모시게 된다면 최고의 영광이겠으나, 나는 인사참모부장의 휘하에 있고, 또한 8군사령관과의 관계도 있어 즉답하기는 어려운 일"이라고 대답했다. 그것이 대화의 전부였다. 사단장은 "알았다."고 하였고, 나는 인사를 하고 물러나 부대로 복귀했다.

뒤늦게 알게 된 일이지만 당시 9사단은 거의 근위(近衛) 사단과 같은 위치에 있어서, 전임 김학옥 단장이 임기를 마치게 되자 후임 포병단장을 추천하는 고위 지휘관들이 많아 백운택 장군이 정말 난처한 입장이 되었다고 한다. 그래서 그러면 차라리 우수한 일반 장교를 받자고 하여, 이미 구창회 참모장이 육본 포기과에서 나를 인선하였다는 것이다.

이렇게 하여 나는 1980년 2월 23일 백마9사단의 백운택 사단장 휘하에서 포병단장으로 근무하게 되었다. 당시 함께 근무하게 된 연대장은 이필섭 대령, 이문석 대령 등이다. 내가 9사단에 근무하게 된 초기 어느 날에 1군단장이 휘하 3개 사단과 직할부대의 모든 대령들을 소집한 적이 있다. 그때 참여한 대령이 모두 37명이었는데, 육사 출신 아닌 사람은 유일하게 나 단 한 사람이었다. 우리 모두는 일제 카메라 한 대씩을 선물로 받았다. 아마도 밀수(密輸) 회수품인 듯했다.

포병단장에 부임 후 얼마 되지 않아 군단 포병이 실시하는 포술경연대회가 개최되었다. 우리 포병단 산하 4개 대대(30대대 안광남 중령, 51대대 김진옥 중령, 52대대 박성익 중령, 966대대 노남성 중령)를 비롯하여, 3개 사단 포병 및 군단 직할 포병부대가 참여하는 거대한 행사에서 우리 사단이 우승을 차지하는 영예를 안게 되었다.

포병단장 부임 후 일 년쯤 지났을 때였다. 하루는 군단장의 지역순시 시간에 사단 섬진강 남방한계선 안에 위치한 거북고지(560m)에서 북한 쪽을 관찰하면서 9사단장에게, 고지 옆 후미진 곳에 포병의 TOT 사격을 실시하도록 지시하였다. 'TOT(Time on Target) 사격'이란 동시탄착사격이라 하여 포병사격 중 최고의 테크닉을 필요로 하는 사격으로서, 사단 포병이 보유 중인 전 화포를 동원하여 동시에 한 지점(Pin Point)에 탄착이 이루어져 폭발하게 하는 포병 최고의 기술이다.

그 명령을 듣는 순간 나는 아찔하였다. 지정된 탄착 지점이 거북고지의 바로 아래 부분이었기 때문이다. 바로 안전

문제다. 고지에서 너무 가까워 안전이 문제된다고 하면 내가 사격통제에 자신이 없다는 의미가 되고, 그대로 진행한다면 너무나 위험한 요소를 감수하면서 사격을 감행해야 하는 부담을 안게 되기 때문이다.

사단 포병대대들은 한 곳에 모여 있는 것이 아니고, 수십 Km씩 격리되어 있기 때문에 이 과업은 대단히 위험하고 어려운 문제로 대두되었다. 현 진지에서의 1mm의 오차는 수십 Km 밖에 있는 탄착지에서는 엄청난 차이로 나타난다. 그러나 우리는 '한번 해보자'는 전의(戰意)를 불태웠다.

며칠 후 1980년 3월 5일, TOT가 실시 되는 날이 되었다. 나는 떨리는 심정으로 무선기를 들고 거북고지의 정상에 섰다. 그곳에는 군단장을 비롯하여 관할 사단장들이 모두 모여 있었다. 군단장의 TOT 실시 명령이 떨어졌고 나는 무선기로 TOT 명령을 하달했다. "TOT는 지금으로부터 10분 후, 지금" 하면 사격대대는 탄환이 날아가는 시간에 맞춰 발사명령을 내려 정해진 목표에 동시에 떨어지게 하는 것이다. 나는 계속 긴장 상태로 대기하고 있었다. 먼 곳의 대대로부터 발사하는 포성이 울리기 시작한 후 "꽝" 하는 굉음과 함께 모든 포탄이 동시에 탄착지에서 폭발하였다.

　군단장은 손뼉을 치면서 사단장에게 다가와 "내가 본 TOT 중 최고였어."라며 사단장과 악수하고, 사격을 지휘한 내게도 악수하였다. 그 후 얼마 되지 않아 군단장 이임식이 있었고, 이임하는 날 군단으로부터 군단장이 포병사령부에 들른다고 하니 준비하라는 지시가 와 포병사령부 참모 전원이 도열하여 군단장을 맞이하였다. 군단장은 "9사단 포병의 TOT는 최고의 TOT였다."고 하면서, 나에게 표창장을 수여하고 떠났다.

한미야전군사령부

　나는 포단장을 마치고 한미야전군사령부로 이전하여 군수참모직을 맡았다. 나의 미군 측 파트너는 후드(Col. Hood) 대령이었다. 그는 내가 진급문제로 고민하자 항공모함 조립 모형을 사주면서, 마음을 풀고 모형 만들기에 집중하면서 편안한 마음으로 지내라고 당부하였다.

한미야전사에서 당면하고 있는 가장 큰 문제는 한미 간 '2중 채널(channel)' 문제였다. 미국 측은 "우리 지휘체계에 속해 있으면서 왜 한국군 지휘부에 보고하는가"하는 문제를 제기하였다. 이것은 단순해 보이지만 상당히 심각한 문제였다.

이러한 한미 간 갈등이 조장되던 가운데 어느 날인가 세미나가 있었다. 그래서 나는 이때가 꼬인 문제를 풀 수 있는 기회라고 생각하고 준비하였다. 미군 측에서는 이러한 세미나를 브레인 스토밍(Brain Storming)인지, 브레인 워싱(Brain Washing)인지 하면서 부대 내외의 모든 문제를 해결하는 토론장으로 이용한다. 그날 나는 한미야전사는 전쟁 날 때를 대비하는 기구이기 때문에, 평소에는 이에 대비한 제 문제를 수시로 해결해 나가므로 문제 삼을 것은 아무것도 없다. 하나 지금 국방부에서는 한미야전사 한국군측은 아무 것도 하지 않으면서 General Mess Hall 사용을 위한 상당한 비용을 소비하고 있다면서 지급 중지를 고려하고 있다는 소식이 있어 내가 며칠 전 국방부에 간 일이 있다. 그러니 우리가 무엇인가 장차 벌어질 위급 사태에 대비한 상당한 훈련을 하고 있다는 사실을 그들에게 이해시킬 필요에 의해 주요 활동

보고를 하는 것이지, 2중 채널이 아니라고 설득하여 그 갈등은 단숨에 해결되었다.

　모두가 진급에 신경을 곤두세우는 연말이 가까운 때였다. 하루는 육군참모총장이 나에게 전화하여, "한미야전사 포병참모 자리에 김 대령이 가게 될 테니, 이 대령은 육본 의전과장으로 오면 어떻겠냐"고 물었다. 그래서 나는 "저에 대해서는 관심을 두지 않아도 됩니다. 저는 그냥 여기에 있겠습니다."고 대답했다. 그리고 얼마 있지 않아 대통령의 방문이 있었다. 한미야전사 전 참모들이 도열하여 대통령을 맞이하였고, 대통령이 떠난 직후 당시 부사령관이었던 유 장군이 나를 불렀다. 그리고는 "비서실장이 그러는데 이 대령이 명년에는 진급된다고 하더라."는 거였다. 나는 웃으면서 "명년은 제가 정년이 되는 해입니다. 그 말은 농담으로 아십시오."라고 했다. 나는 그렇게 군생활의 마지막을 한미야전사에서 끝내게 되었고, 전역식을 준비한다고 하기에 "그것은 사양하겠습니다."하였다.

전역, 그 이후

나는 30년간의 영예로운 장교생활을 마치고 1984년 9월 30일 전역을 하였다. 인민군 학도병으로 차출되어 전쟁터로 끌려가다 극적으로 탈출하여 흥남철수 때 메러디스 빅토리호를 타고 월남하고, 또 시대의 아픈 상처인 국민방위군에 끌려가 처참한 시련도 겪는 등 질곡의 삶을 산 나에게, 대한민국 장교로 산 30년은 비록 쉬운 길은 아니었지만, 하나님이 내게 주신 선물 같은 시간이었다.

예편 후, 나는 한국전력공사에 입사하여 한국핵연료주식회사(현재 한전원전연료(주)) 창설요원으로 선발되어 성공적으로 회사를 설립하고 관리본부장(전무)을 3연임을 하며 9년간 근무하다 1994년에 퇴직하였다.

부 록

1. 후일담
2. 잊을 수 없는 사람들
3. 훈장과 표창장

♣ 1. 후일담: 고향에서 일어난 이야기들

할머니의 사랑

나는 인민군에 차출되어 전장으로 향하던 중 도피한 처지라서 고향을 떠난 후의 우리 집에 관한 소식은 다른 사람을 통해서 알게 되었다. 오랜 세월이 흐른 후 남한에서 만난 후배를 통해 알게 된 할머니(실제는 외할머니) 소식이다.

나의 고향 신포는 바닷가라서 미군들의 함포사격이 심한 곳이었다. 그래서 대부분의 시민들은 시골 쪽으로 피신해 있었다고 한다. 그런데 이사하는 시골길에서 만난 우리 할머니는 이삿짐으로 그 무거운 내 책들을 머리에 이고 시골로 가더라는 것이었다. 피난길에 책이 무슨 소용이 있었을까? 이 못난 손주에 대한 사랑 때문이었으리라. 그 얘기를 듣는 순간 내 가슴은 바늘에 찔리듯 아팠고, 하염없이 눈물이 흘렀다. 이 사랑은 하늘보다도 높고 지축(地軸)보다 깊고 깊은 것이리라.

신포 한 절에서 일어난 온 가족 몰살사건

우리 고향 신포에서 최의원이라고 하면 침으로 맹장염을 고쳤다 하여 한의(韓醫)로 이름난 분이었다. 이 가족이 다른 사람들과 같이 신포의 한 절에서 피난하고 있었는데, 남진했던 북괴군 잔당들이 산길을 타고 도주하던 중, 신포 절에 들러 '반동분자'를 색출한다며 세대별로 짐 조사를 하는 과정에서 최의원 짐에서 태극기가 발견되어 일가족 전원이 총살되었다고 한다. 가족 중에는 우리 동창 여학생도 있었다.

김씨 아저씨의 구사일생

김씨 아저씨는 우리 고향의 유지이며, 아주 활발한 사회

활동으로 잘 알려진 분이었다. 북괴군들이 후퇴를 시작할 즈음하여 '반동분자'라 하여, 정부에 호응하지 않는 많은 시민들을 구금하였다. 그러다 후퇴 결정이 내려지자 북괴군들은 구금했던 시민들을 내무서 앞뜰에서 한사람씩 불러 손을 묶기 시작하였다. 그렇게 불려나간 김씨 아저씨는 손을 묶으려는 내무서원을 발길로 차버리고, 꽤 높은 울타리를 뛰어넘어 신포공원으로 가는 사잇길로 내달렸다. 계속 총을 들고 쫓아오는 내무서원을 피하여 한참을 달려가다 홍 씨네 집으로 몸을 숨겼다. 큰방 장롱 틈에 몸을 숨겼는데 발끝이 조금 보였다. 추격하던 두 내무서원이 따라 들어와 장롱 옆에 보이는 발가락을 총으로 쏘았고, 총을 맞은 김씨 아저씨는 급히 뒷문을 열고 뒤뜰로 나와 보니, 숨을 곳이라고는 변소 밖에 없었다. 변소 똥통에 풍덩 빠져서 좁은 틈새로 밖을 내다보니 내무서원들이 변소로 들어오려고 하는지라 급히 코를 막고 변속에 머리까지 푹 잠갔다고 한다. 추적자들이 변소 문을 열어보니 아무도 없으니 당황해하며 울타리를 살펴보니 울타리에 구멍이 나있어 그 틈을 통해 밖으로 튀었다고 생각하고 밖으로 쫓아갔다.

김씨 아저씨는 한참을 기다렸다가 똥통에서 나와 집안에 있던 걸레들로 대충 닦고는 공원 쪽으로 걸어가 우물 지나서 있는 콘크리트 쓰레기통에 들어가 쓰레기를 뒤집어쓰고 사태가 진정되기를 기다렸다고 한다.

얼마가 지났는지 여자들의 이야기 소리가 들렸는데, 그 가운데 한 여자의 목소리가 귀에 익어 쓰레기통을 열고 지인임을 확인한 후, 가족에게 연락해서 자기가 여기 숨어있으며, 발에 총을 맞아 움직일 수 없다고 전해달라고 해서, 구사일생으로 생명을 보존하여 월남하신 김씨 아저씨의 영화 같은 이야기다. 확실한지는 알 수 없으나, 그 어른의 말로는 총상을 입은 곳에는 변이 약이 될 수도 있어서 완전하게 치유될 수 있었다고 했다.

인민군 소위와 촌노(村老)

이 이야기는 앞서 기술한 물계항에서 인민군 기관총 소리에 놀라 급히 배를 타고 출항했다가 바람의 방향이 바뀌어 다시 돌아와 흥남부두에서 화물선을 타게 된 일과 연관된 이야기이다.

　그날 아침 일어난 기관총 소리에 놀라 모든 배가 급히 떠나는 바람에 미처 배를 타지 못한 사람들이 여러 명 있었다고 한다. 배를 놓친 여러 사람들이 모여 이제 어디로 갈 것인가를 논의하고 있을 때, 아마도 기관총을 쏘아댄 그 분대 규모 인민군들이 인민군 소위를 앞세우고 산에서 내려왔다. 그리고 배를 타지 못한 피난민들에게 다가왔다.

　인민군 소위가 "당신들 뭐요?" 하면서 권총을 빼 들고 피난민들에게 "누가 지도자인가?" 하고 물었으나 지도자가 있을 리 없었다. 그러자 한 사람을 불러내더니 누가 지도자인지 대라고 하며 권총으로 위협했다. 그 사람이 "지도자는 없다"고 대답했더니 즉시 권총을 발사했다. 그리고는 다음 사람을 불러 똑같은 질문을 했다. 그러자 겁에 질린 이 사람은 "이 사람도 지도자, 저 사람도 지도자"라며 아무나 지명하며 둘러대기 바빴다.

　그러는 도중 언덕을 넘어 한 촌노(村老)가 소를 몰고 나타났다. 그 촌노가 한참 보고 있더니 소위를 보고 "자네 OOO네

집 아들이 아닌가?" 라고 했다. 그러자 소위가 "우리 아버지를 아십니까?" 하니, 촌노가 "그럼. 같은 마을 오랜 지기이지. 그런데 이게 무슨 일인가? 나쁜 놈들은 이미 벌써 다 도망가고, 이 사람들은 이제 어떻게 해야 할지를 의논하는 이 마을 사람들이네. 그러니 이 사람들은 그냥 보내주게." 하여 위기를 모면할 수 있었다고 한다.

전쟁의 상흔

내가 군생활을 마치고 한전 자회사에 부임하게 되는 때의 이야기이다. 나는 내자와 어린 딸 둘을 데리고 대전으로 이사하게 되고 큰애는 대학교에 입학한 탓에 혼자서 서울에 남게 되어 가족이 부득이 분할되게 되었다

그리하여 나는 가족 이별파티를 호텔 식당에서 하기로 하여 그 자리에 가족이 모두 한자리에 모였다. 그리고 식사가 시작되었는데 그때에 느닷없이 큰애가 근심어린 얼굴로 말문을 열었다.

"아빠, 우리가 헤어져 있는 동안 전쟁 나면 어떡해. 나 혼자 떨어져서." 하였다.

나는 "그야 전쟁이 발발하면 국가 비상사태가 선포되고 국민행동지침이 하달되어 그것에 의거하여 국민들이 적절하게 행동하면 되겠지." 라고 하였다.

그랬더니 큰애가 왈 "패닉에 의한 일대 혼란이 먼저 발생할 텐데 국가통제가 그 혼란을 수습하기 어려울 거예요." 하면서 다음과 같은 제안을 했다. "일단 우리 가족이 헤어졌다 해도 언제, 어디에든 약속된 장소를 정하여 그곳에 모이게 해야 될 것 같아요. 예로서 '매년 1월 1일에 부산시청 문앞에 모인다'라고 처럼요."

이때가 1985년, 6·25가 지난 지 30여 년이 지난 때다. 나는 그때에 너무도 놀랐다. 전쟁의 상처는 이렇게 깊은 것이구나라고. 전쟁을 전혀 경험하지 못한 세대가 어떻게 이런 생각을 할 수 있겠는가. 정말 전쟁은 있어서는 안 되는 것이구나. 전쟁의 상흔이 피 속에까지 흐를 수 있구나 하는 생각에 가슴이 정말 아팠던 기억이 있다.

그래서 우리 가족은 큰애의 제안대로 전쟁으로 모두가 헤어졌더라도 매년 1월 1일 부산시청 문앞에서 만나기로 약속하였다.

♣ 2. 잊을 수 없는 이름들
(Unforgettable Names)

(가나다순)

강명모 아저씨

고향인 함남 신포에서 가까이에 함께 살았던 분으로 각별히 나를 아껴주시고 돌봐주셨고, 더욱이나 내가 고등학교 입학할 때 지원해 주신 분으로 친형님처럼 나를 아껴주시던 아저씨였다.

김 아버님 (동창 김수월의 부친)

나의 외삼촌(강성재)의 친구분. 내 어려웠던 부산 피난생활 중에 낮에는 일하고 밤에는 영어, 일본어 공부하느라 제대로 잠을 자지 못해 급성폐렴에 걸렸을 때, 내 병의 심각성을 감지하시고 영도에서 동래까지 데려가 고향의 명의 마흑룡 선생님께 진찰받게 해주어 나를 살리신 고마운 어르신이다.

고승록 회장

고향 신포에서 얼마 떨어져 있지 않은 차호(遮湖)에서 신포수산전문학교를 다니다 6·25 전쟁으로 피난하여 조병창에서 만나게 된 형님뻘 동기생이다. 조병창이 해체되고 국방과학연구소로 전환됨에 따라 조병창을 떠나 무역업을 시작하여 상당한 부를 쌓아 예식장과 큰 식당을 원주에서 개업하여 성공한 기업가가 되었다. 젊었을 때 많은 친구들이 모이는 집합장소였다. 언제나 웃으며, 특히나 김귀순 교수와 내가 인천 논현동 고잔의 조병창을 다닐 때 모두 한집에 함께 살았던 연고로 더욱 친한 사이였다. 고 회장은 건강이 나빠져 수년 전 작고하였고, 남편보다 더 열심히 사업을 꾸려왔던 문방순 여사가 사업을 지키고 있다.

김귀남 형

친구 김귀순 군의 형으로 늘 나에게 큰 도움을 주신 분이다. 혈육도 아닌 나를 그토록 보살펴 주신 은혜 깊이 감사하며 내 가슴에 새긴다. 자세한 내용은 김귀순 군, 박금자 형수님 칼럼에 상세히 소개한다.

김귀순 교수

김귀순 교수는 이북 길주(吉州) 태생으로 월남한 3형제 중 막내이다. 이 세상에 법이 없어도 살 수 있는 사람이라고 모두들 칭찬을 아끼지 않는 사람이다. 큰형은 귀남, 둘째형은 귀환이다. 귀순 군과 나는 조병창 출신이다. 귀순 군은 1.4 후퇴 때 월남하였으나, 이북에서 엔지니어였던 두 형은 일찍

남하하여 한국에서 자리 잡고 계셨었다. 나는 귀순 군의 권유로 조병창이 서울로 복귀한 후 귀남 형 댁에 귀순 군과 함께 머물며 지냈다. 나는 친척은 없어도 좋은 친구들 덕에 어려운 시기를 잘 보낼 수 있었다. 귀순 군은 서울수복 후 한양공대로 진학하여 공부를 마치고, 인하대학교 교수로 부임했고, 나는 직업군인의 길을 걷게 되었다. 그러나 3형제 모두 유전인 고혈압으로 인해 요절하였다.

김종환 사장

내가 부산에서 제일 처음으로 취직한 공장의 사장이다. 명문 진주농고를 졸업한 엘리트로, 인정도 있고 결단력도 있는 사업가이다. 나는 공장에서 일하는 동안 사장님 댁에서 언제나 풍족한 식사를 할 수 있었으며, 나를 위해 사각형의 작은 판잣집을 지어주셔서 나의 주거를 안전하게 보장해 주신 분이다. 내가 만약 조병창으로 가지 않았다면 회사의 수금원으로 아마도 회사 회계를 담당하는 세무주임이 될 가능성이 컸다고 생각한다. 아무튼 사원들을 배려할 줄 아는 좋은 사장이셨다.

김춘옥 동창

김춘옥 씨와 나는 이북에서의 피난시절에서부터 이남에서의 방위군 시절까지 묘한 인연으로 엮인 동창의 한사람이다. 그가 피난 중인 대대골에 나를 찾아오므로 인해, 나의 피난처가 이미 공개된 것으로 판단하여 나는 이원군에 있는 삼촌 집으로 이동할 수밖에 없었다. 그가 나를 찾아온 것에 어떤 나쁜 의도가 있었던 것은 아니지만, 내 은닉 장소가 폭로되는 것은 당시 매우 위험한 일이었다. 그 후 방위군 때 통영에서 또 만나게 되고, 또 서울에서 다시 만나게 된다. 그는 삼성생명에서 근무하던 때고, 나는 한미친선군민협의회에서 일하던 때였다. 뒤에 나오는 최근현 군도 서울 방배동에 빌딩이 있었던 관계로, 그곳에서 고향친구들이 자주 모였고 자리를 늘 함께 할 수 있었다.

김흥종 동문

　김흥종 군은 박철숙 군과 같이 함께 공부하며 어울렸던 친구였다. 그런데 피난길에서 헤어져 비로소 부산에서 다시 만나게 되었다. 내가 배 밑창에 살고 있을 때, 가족(양상진 어른)을 설득하여 나를 가족에 포함시켜주기도 하였으며, 그리하여 피난의 어려운 시기를 잘 견뎌낼 수 있었다. 언제나 모든 일에 적극적이었던 그는 주위의 만류에도 불구하고 소위로 임관하여, 백마고지 전투에서 휴전 불과 일주일 전에 호국영령으로 산화하고 말았다.

박금자 여사

　박금자 여사는 김귀순 교수의 형수이며, 김귀남 형의 부인이다. 내가 따로 박 여사를 이야기하는 것은, 그 형수님이 김 씨네 3형제와 나, 합하여 네 사람의 식사와 빨래 등 모든 일을 돌보아 주셨기 때문이다. 너무나 힘드신 일을 혼자서 감당한 의지의 여성이시다. 더욱이나 아무 연고도 없는 나의 그 어려운 시기를 무난히 지낼 수 있도록 도와주신 박 여사님의 은혜는 백골난망이며, 지금도 전화하면 오히려 내 칭찬만 해주신다. 정말 잊을 수 없는 분이다.

박승관 어르신

북에서 지병으로 고생하시던 어머니를 마지막 순간까지 편안하게 떠날 수 있게 도와주신 은혜가 크며, 또한 나의 중학교 입학을 도와주신 분이기도 하여 늘 마음에 은인으로 새겨두고 있는 분이다. 치기공사로서 신포 고향에는 치과의사가 없었던 때라 큰 부를 쌓으셨다. 집도 신포시내에서 유수의 큰 집이었다. 나의 친한 친구 박철숙 군의 조부이시기도 하다.

박정기 회장

박 회장과 나와의 관계의 시작은 포병학교 고등군사반이었다. 그때 박 회장은 우리 동기의 회장이었다. 그 이후 두 사람의 인연은 끈질기게 계속되어, 박 회장이 한국전력공사 사장 시절, 나는 처장으로 한전에 입사하였으며, 대덕연구단지 내 한전 자회사인 한국핵연료주식회사 관리본부장으로 임명되어 만 9년을 근무했다. 그 후 박 회장이 회장으로 있는 한미친선군민협의회에 근무하는 등 남한에 혼자 남하하여 사고무친인 나를 평생 돌보아 주신 은혜는 마음의 돌에 새겨 마땅할 것이다.

박철숙 동문

신포 고향에서 항상 함께 공부하던 후배로서 정말 친한 친구사이였다. 부산 피난 중에는 모두가 어려웠고 하여 서로 자주 만날 수는 없었다. 그러나 내가 박철숙 후배를 잊을 수 없는 것은, 전술했듯이 급성폐렴에 걸렸다 회복되던 어느 날 그가 냄비에 담아 들고 온 냉면은 '나를 살렸다'고 할 정도로 고마운 것이었다. 그런데 지금도 나는 그때 냉면을 절반 정도만 먹고 반은 박 군에게 주었어야 했다고 늦은 후회를 하고 있다. 정말 고마운 친구였다 지금은 고인이 되었다.

양상진 어르신

신포 피난민 수용소에서 배 밑창에서 기거하던 나를 수용소 안으로 인도하여 주셨고, 경제적으로 무척 어려웠던 사정이 있음에도 나를 한 식구로 맞아 주시고 내 의식주 모두를 챙겨주신 고마운 분이다.

양명숙 동문

양상진 어른의 따님으로 내가 한 가족이 된 이후 늘 성심껏 도와주었으며, 내가 다른 사람으로 오인되어 깡패들에게 폭행을 당해 엄청 큰 부상당하였을 때, 나를 성심으로 간호해 주어 다시 건강을 찾을 수 있게 해주었으며, 내가 육군 장교 후보생 때 지급받은 군화가 해져 고생할 때 새 군화를 사서 광주까지 와주었던 잊을 수 없는 동문이다.

양홍석 동문

평소 고향에서나 피난 후 부산 생활에서 나와는 별로 확실한 사회적 연계가 없었음에도, 내가 어려울 때 자기 집에 받아주어 쉴 수 있게 해주었던 동문 후배다. 나는 그때 남한 땅에는 아무 연고가 없던 때라 일신상의 변화가 생기면 딱히 갈 데가 마땅치 않아 고민 중이었는데, 나를 흔쾌히 받아주었던 고마운 후배다.

이경록 선생

내가 방위군 생활을 마치고 부산에 왔을 때 이경록 선생은 한 고등학교 교사였다. 내가 조병창 시험에 합격하였을 때 신원증명서가 필요하였다. 피난민으로 부산에 온 터에 나를 위해 신원증명을 해줄 사람이 있을까 매우 걱정이 되었다. 그래서 이경록 선생을 찾아가 "내가 조병창에 합격하였으나 신원증명서를 해줄 사람이 없어 왔다"고 했다. 선생님은 걱정 말라고 하면서 제일 확실한 신원증명을 해주겠노라며 나를 데리고 영도경찰서로 가서 경찰서장에게 나를 소개하며 신원증명을 해줄 것을 청했다. 서장과는 아주 친한 것 같고 하여 신원증명서는 곧 받을 수 있었다. 당시 신포 출신인 이성주 치안감의 영향이 크지 않았겠나 싶었다. 이경록 선생은 나의 이북 고등학교의 스승이기도 하여 늘 많은 도움을 받았다.

이규하 형

조병창이 환도하여 노량진, 남영동 등 자리를 옮기는 동안 많은 직원들은 시흥 쪽에 모여 살았다. 나는 이규하 형의 집에서 하숙하였고, 또 조병창이 논현동 고잔으로 옮긴 처음 한동안 이규하 형 집에서 많은 신세를 졌다. 그러나 그 후 소집영장을 받고난 후 육군 장교로 임관되어 주로 야전에서 오래 근무하게 되면서 규하 형님과의 연락이 단절되었다. 다만 내가 장교후보생으로 1주간 제2훈련소에서 훈련 받는 동안 위장이 나빠져 많은 고생을 하였는데, 그때 형님께서 찾아와 약도 주고 좋은 음식을 주어 내 병을 고칠 수 있었다. 내가 늘 감사하는 형이다.

이범영 선배

군단 포병 작전참모(S3)를 하면서 알게 된 선배로서, 독실

한 기독교 신자이며 항상 긍정적으로 사물을 판단하는 선배다. 내가 군단 포병에 재직하는 동안 늘 물심양면으로 도와주었으며, 특히 내가 군단포병 대대장으로 재직 시 대대 테니스장을 지으려했으나 울타리를 만들 자재가 부족하여 이 대령께 부탁하여 좋은 자재를 얻어 코트를 완성할 수 있게 되어 늘 고맙게 생각하고 있는 분이다. 나중에 들은 얘기로 그 지원한 자재 때문에 이 선배가 고생했다고 한다.

이중희 동문

나는 이중희 후배에게 두 가지 큰 빚을 지고 있다. 그러나 그와 나의 지리적 여건이 달라 자주 만나지 못했다. 내가 인민군 출정 중에 도망쳐 나오면서 내 신분증을 어디서나 제시할 수 없어. 이중희 군의 신분증을 빌려 다녔다. 그는 나와 얼굴도 비슷했고, 나보다 1~2년 후배고, 몸집도 나보다 작아서인지 검문이나 신분증을 보자는 경우가 없었다면서 나에게 자기 신분증을 빌려주어 나의 도피를 도와주었던 것이다. 그것이 정말 큰 빚의 하나이고, 둘째 빚은 내가 한미야전사에 근무 당시 미군들과 부산에 가게 되어 연락했더니 점심 식사를 준비해 놓고 기다려 놀랐다. 점심을 먹고 난 다음, 그의 아들 중에 장애아가 있어 미국에 입양시키고 싶어 한다는 사실을 알게 되었다. 내가 그 내용을 미군들과 논의해 보니, 그 문제를 부대에 돌아가 귀국하는 장교나 부사관들과 논의해 보자고 하였다. 그러나 그 후 미군 측으로부터 확실한 대답을 듣지 못했고, 이중희 후배에게 지금까지도 그 일의 가부를 전하지 못해 미안한 마음뿐이다. 이것이 나의 둘째 빚이다.

최근현 회장, 최한이 사장

최근현 회장과 나는 월남한 학교 동창 중에서 가장 가깝고 친근한 사이고, 가족 간에도 서로 내왕하는 가까운 사이였다. 최 회장은 의지의 사나이여서 시장의 밑바닥부터 시작하여 빌딩과 농장을 소유한 큰 자산가가 되었다. 큰 부자도 현금이 없을 때가 있다. 나는 서울에서 대전으로 직장을 옮기면서 서울 집을 판 현금이 있었고, 최 회장은 자녀들 결혼식을 한꺼번에 치르게 되어 급히 돈이 필요했다. 최 회장은 내게 돈을 빌려달라고 했고 그 대신 목장 땅을 주겠노라고 했다. 그렇게 거래가 이루어지고 내가 받은 땅이 오랜 동안 지나 값이 올라 나도 어느 정도 애들 교육과 분가를 위한 자본을 형성할 수 있게 되어 서로 윈-윈하는 결과가 된 셈이다. 그리하여 내가 한가한 때는 언제나 최 회장을 찾아 미국으로 가 관광도 하고, 골프도 치곤 하였다. 최 회장의 장남 최한이 사장은 최 회장의 자산운영 관리인으로 활약하면서 내 임대사업도 많이 도와주었다.

최기선 대령

육군대학 동기생이다. 내가 주말마다 집에 왔다 가곤 했는데 제일 큰 문제가 열차 승차권이었다. 나는 계속 야전에만 근무했던 관계로 승차권을 구할 수 없었는데, 최 대령이 내 사정을 알고는 육대 교육 받는 동안 내내 혜택을 받을 수 있게 해주어 감사한 마음이었다. 내가 무엇인가 보답하려고 포병전우회와 대령연합회에 전화하였으나, 등록된 이름이나 주소가 없다고 하여 안타깝기만 하다.

최덕선 동창

나와 함께 동문수학한 친구로 고향에서부터 좋은 친구였다. 최 군은 가족 전부가 수산업에 종사했던 관계로, 자가(自家) 배로 남하하여 구룡포에 정착하여 학교도 마치고 비교적 안정된 월남 생활을 할 수 있었다. 그러나 부친이 대학교 진학을 반대한 관계로 나의 영도 판자주택에 찾아와, 우리집 주방장 역할을 맡았다. 앞에서 이야기했듯이 우리 판잣집이 친구들 집합처가 되어버려 많은 친구들이 들락날락했음에도 잘 관리하고 버텨주었다. 최 군도 후에 병원 사무장으로 취직하였으나, 췌장암으로 요절하였다.

최장훈 어르신

내가 남하할 수 있는 동기를 만들어 주신 분으로, 그분의 두 딸과 함께 남하할 수 있게 최초 선박을 주선하여 주신 분으로 늘 고맙게 생각하고 있다. 나의 할머니를 고모라고 불렀다

3. 훈장과 표창장

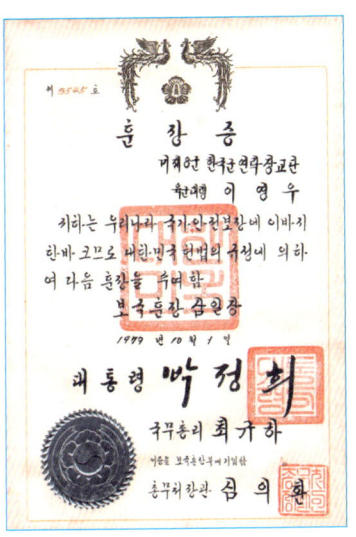

[보국훈장 삼일장]

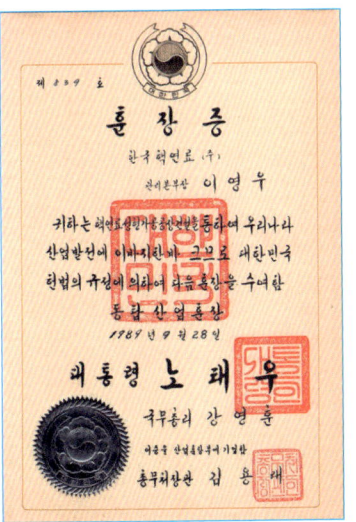

[동탑 산업훈장]

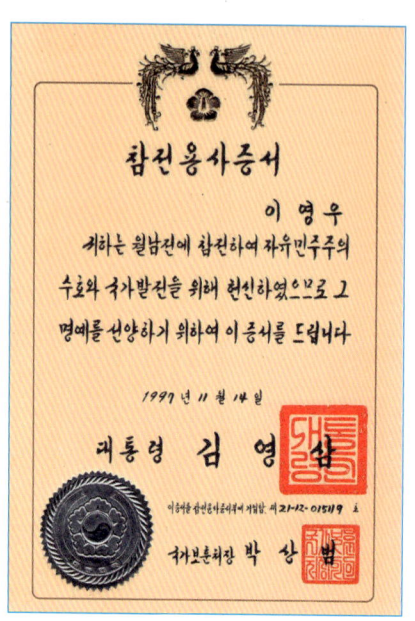

◀ [월남전 참전용사 증서]

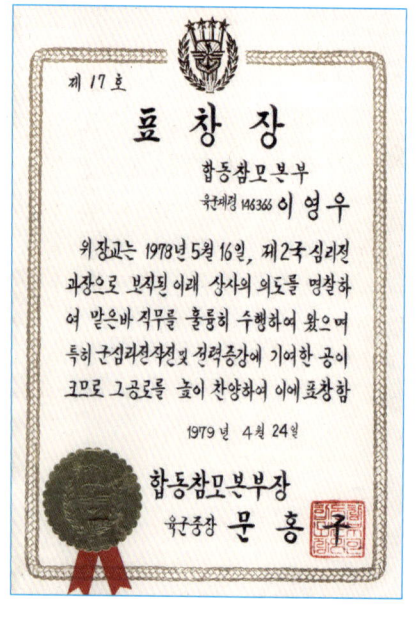
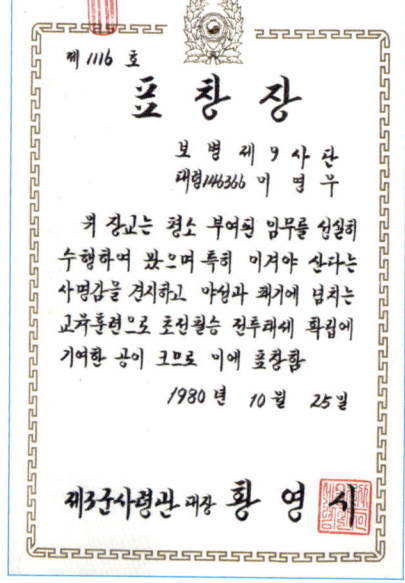

180 함흥에서 부산까지

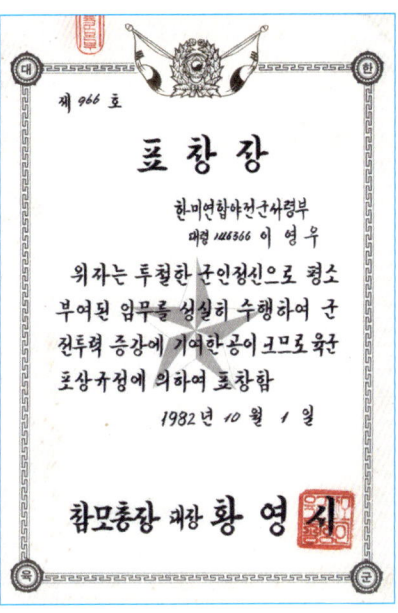

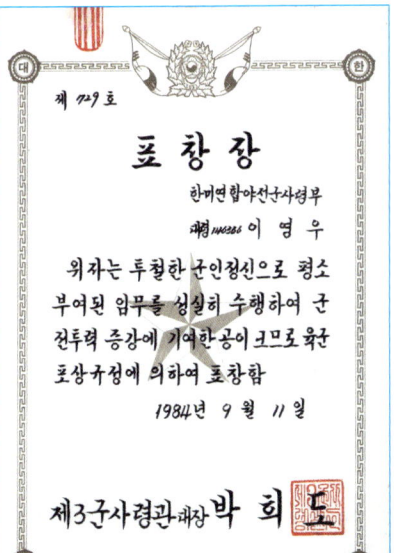

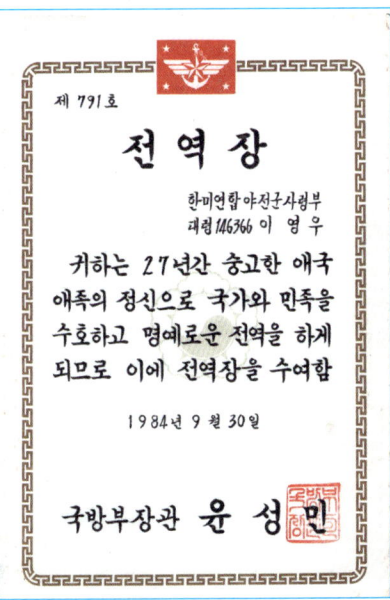

DEPARTMENT OF THE ARMY

THIS IS TO CERTIFY THAT THE SECRETARY OF THE ARMY HAS AWARDED

THE ARMY COMMENDATION MEDAL

TO COLONEL LEE YUNG WOO, REPUBLIC OF KOREA ARMY

FOR exceptionally meritorious service as the Senior Liaison Officer and Chief, Republic of Korea Army Affairs Branch, Republic of Korea Army, Office of the Assistant Chief of Staff, Headquarters, United States Forces, Korea/Eighth United States Army. His service during 1 May 1979 to 20 February 1980 was highlighted by his outstanding support of the extremely important Korean Augmentation to the United States Army and Liaison Officer programs which contributed immeasurably to the accomplishment of the command mission. He played a central role in the implementation of the Korean Augmentation to the United States Post Exchange program, one of the notable accomplishments of his tenure. Colonel Lee's outstanding performance is in keeping with the finest traditions of the military service and reflects great credit upon himself, the United States Forces, Korea, the Eighth United States Army and the Republic of Korea Army.

GIVEN UNDER MY HAND IN THE CITY OF WASHINGTON
THIS 26TH DAY OF AUGUST 19 80

The Adjutant General   SECRETARY OF THE ARMY

◀ The Army Commendation Medal
 (1980. 8. 26)

182 함흥에서 부산까지

THE UNITED STATES OF AMERICA

TO ALL WHO SHALL SEE THESE PRESENTS, GREETING: THIS IS TO CERTIFY THAT THE PRESIDENT OF THE UNITED STATES OF AMERICA AUTHORIZED BY EXECUTIVE ORDER, 16 JANUARY 1969 HAS AWARDED

THE MERITORIOUS SERVICE MEDAL

TO

COLONEL LEE YOUNG WOO
REPUBLIC OF KOREA ARMY

FOR outstanding meritorious service as Deputy Assistant Chief of Staff for Logistics, Combined Field Army (Republic of Korea/United States), from 8 July 1981 to 30 September 1983. Colonel Lee's sound judgment, initiative, and extensive knowledge of tactical and logistics concepts of Republic of Korea and United States forces contributed immeasurably to the effectiveness of the Combined Field Army during its rapid growth and reorganization. He played an important role in developing and implementing combined logistics concepts and doctrine. His personal example and guidance inspired those under him to produce maximum support for this real world defensive mission. Colonel Lee's distinguished performance of duty was in keeping with the finest traditions of military service and reflects great credit on him and the Republic of Korea Army.

GIVEN UNDER MY HAND IN THE CITY OF WASHINGTON
THIS 30TH DAY OF APRIL 19 84

◀ The Meritorious Service Medal (1984. 4. 30)

DEPARTMENT OF THE ARMY

THIS IS TO CERTIFY THAT THE SECRETARY OF THE ARMY HAS AWARDED

THE ARMY ACHIEVEMENT MEDAL

TO **COLONEL LEE YOUNG WOO**
REPUBLIC OF KOREA ARMY

FOR exceptionally meritorious achievement while serving as Senior Logistical Player for the Combined Field Army (ROK/US) during Exercise Ulchi Focus Lens '84 from 18 August 1984 to 28 August 1984. While serving in this capacity, Colonel Lee continually demonstrated extraordinary professionalism and unsurpassed resourcefulness in the performance of his demanding duties. His dedication to duty, enthusiasm, steadfast insistence upon highest standards, and outstanding leadership contributed immeasurably to the accomplishment of the mission. Colonel Lee's outstanding performance of duty is in keeping with the finest traditions of military service and reflects great credit on him, the Combined Field Army (ROK/US), and the Republic of Korea Army.

GIVEN UNDER MY HAND IN THE CITY OF WASHINGTON
THIS 19TH DAY OF FEBRUARY 19 85

THE ADJUTANT GENERAL

SECRETARY OF THE ARMY

◀ The Army Achievement Medal
(1985. 2. 19)